Markus Röschel
Passo Depression oder
»Ich nehme Sie jetzt mal raus!«

Markus Röschel

Passo Depression oder
»Ich nehme Sie jetzt mal raus!«

R. G. Fischer Verlag

Bibliografische Information der Deutschen Nationalbibliothek:
Die Deutsche Nationalbibliothek verzeichnet diese Publikation in der Deutschen
Nationalbibliografie; detaillierte bibliografische Daten sind im Internet über
http://dnb.dnb.de abrufbar.

© 2023 by R. G. Fischer Verlag
Orber Str. 30, D-60386 Frankfurt/Main
Alle Rechte vorbehalten
Schriftart: Times 11,5
Herstellung: rgf/pr/2b
ISBN 978-3-8301-9447-7

Tag 1

»Ich nehme Sie jetzt mal raus« – ein Satz, der mich erleichtert und mir zugleich auch Angst bereitet. Raus aus dem Job; und was kommt dann?

Meine Hausärztin redet mit ruhiger und fast schon melodiöser Stimme auf mich ein: »Ich verschreibe Ihnen noch ein weiteres Medikament, das Sie zusätzlich zu dem Medikament für Ihre Schlafstörungen nehmen sollen. Die ersten drei Tage nehmen Sie jeweils eine halbe, ab dem vierten Tag dann eine ganze Tablette täglich.« Es ist ein Antidepressivum, das den Serotoninspiegel so richtig nach oben pusht und einen wieder in glückliche Zeiten versetzen soll. Wenn man gefühlsmäßig ganz unten angekommen ist und sich die Spirale immer weiter nach unten dreht, deine Welt nur noch Schwarz und Weiß kennt, dann schlägt man die rettende Hand nicht aus, die einem entgegengestreckt wird. Man ist fast zu allem bereit und hinterfragt die Lösung seiner Probleme nicht. Der Weg zum Arzt hat mich einiges an Überwindung gekostet, und doch schien es mir der einzige Ausweg zu sein.

Wieder zu Hause angekommen, belohne ich mich erst mal mit einem guten Frühstück. Zwei Brezeln und ein Croissant habe ich zuvor noch beim Bäcker geholt und fühle mich zum ersten Mal seit Wochen wie von einer Last befreit. Ich habe mich komplett geöffnet und meinen inneren Schmerz nach außen gekehrt. Ich habe um Hilfe gebeten und sie auch bekommen. Dafür gibt es erst mal eine Belohnung.

Auf dem Tisch neben mir liegt die Überweisung zu einem Facharzt der Psychiatrie. Jetzt ist es also amtlich: Ich bin ein Psycho, einer, der sein Leben nicht im Griff hat und jetzt zu einem Psychiater gehen muss. Da es anscheinend nicht so einfach ist, einen Termin zu bekommen, hat mir meine Ärztin empfohlen, heute noch die Terminservicestelle unter der Nummer 116 117 anzurufen. Mit dem Vermittlungscode, den sie mir mitgegeben hat, ist es anscheinend möglich innerhalb von vier Wochen einen Termin zu bekommen. Na ja,»schnelle Hilfe« hört sich für mich anders an. Ich wähle die Nummer und sitze zuerst in einer Warteschleife fest. Als ich nach 20 Minuten fast schon genervt auflegen will, werde ich durchgestellt. Die Frau in der Vermittlung muss sehr lange suchen, bis sie mir endlich einen Termin bei einem Facharzt anbieten kann, der 25 km weit entfernt von meinem Wohnort in einer Sammelpraxis praktiziert. Natürlich ist der Termin nicht gleich morgen, sondern so ziemlich genau in vier Wochen. Ich bedanke mich für ihre Hilfe, lege auf und bin erst mal enttäuscht. Den Termin trage ich in den Kalender ein, damit ich ihn nicht vergesse, ist ja noch lange hin.

Dann öffne ich die Packung, die mir Superkräfte verleihen soll. Ich nehme die erste Pille heraus, halbiere sie und schlucke sie fast feierlich hinunter. Etwas erschöpft lege ich mich auf die Couch, um zu schlafen und die positive Wirkung in mich eindringen zu lassen.

Die ersten Sonnenstrahlen nach dem Winter fallen durch die Scheibe und wärmen mich von außen. Ich fühlte mich geborgen wie ein kleines Kind, das liebevoll von der Sonne namens Mutter gewärmt wird – ein schöner Moment der leider nicht von langer Dauer ist. Schon nach kurzer Zeit verspüre ich ein leichtes Kribbeln auf der Haut. Beim Aufstehen wird mir leicht schwindelig. Ich habe Ohrensausen und fühle mich komisch. Meine Gefühle fahren Achterbahn. Ich versuche noch, dagegen anzukämpfen und das Schlechte in Gutes zu wandeln, doch je mehr Zeit vergeht, umso mehr dominiert das schlechte Gefühl. Meine Stimmung wandelt sich von »Alice im Wunderland« zu »Wenn die Gondeln Trauer tragen«. Wenn man depressiv ist, beginnt man, jede seiner Handlungen zu hinterfragen und wiederholt zu analysieren. Man wäre ja schließlich nicht depressiv, wenn die Gedanken komplett strukturiert und die empfundenen Probleme lösbar wären. Kleinigkeiten werden auf einmal zu unüberwindbaren Hindernissen.

Meine Gedanken kreisen nun um meinen neuen Arbeitgeber, bei dem ich mich noch in der Probezeit befinde. Ich hatte erst vor Kurzem die Stelle gewechselt, weil ich mir Erleichterung im Arbeitsalltag erhoffte. Leider ging der Schuss nach hinten los. Mein Chef hat Ziele, die er erreichen muss, und ich soll meinen Teil dazu beitragen. Leistung wird gefordert und kein schwächelnder Mitarbeiter, der sich mit einer Krankmeldung von hinten anschleicht. Ich überlege, mit welch warmen Worten ich die E-Mail mit meiner Krankmeldung füllen soll, um so wenig Argwohn wie möglich zu wecken. Je länger ich darüber nachdenke, desto kürzer werden meine Sätze, und nach fast einer Stunde bleibt nur noch übrig: »War beim Arzt, wurde bis einschließlich 24.02. krankgeschrieben.«

Später will ich dann doch noch wissen, was ich da eigentlich eingenommen habe. Der Beipackzettel ist lang. Kein Wunder, brauchte man doch den Platz, um die häufigsten Beschwerden und Nebenwirkungen aufzulisten. Die prägnantesten habe ich sofort abgespeichert. Erektionsstörungen und Haarausfall sind meine Favoriten. Reflexartig fahre ich mir durchs Haar, um den noch sicheren Halt zu testen und um für die Zukunft einen Vorher-nachher-Vergleich zu haben. Ich lese weiter. Auch innere Blutungen seien möglich, was mich erst mal wieder in Schockstarre versetzt. Tue ich hier wirklich das Richtige, oder habe ich mich in eine Sackgasse manövriert? Soll ich das alles wirklich in Kauf nehmen, um mich vielleicht am Schluss etwas besser zu fühlen? Unweigerlich muss ich an all die Impfgegner denken, die jedes Medikament genau analysieren und alle Nachteile und Impfschäden kennen. Was würde ein Querdenker wohl sagen, müsste er zu so einem Medikament greifen? Würde er die Hilfe annehmen oder auch hier im Protest verharren?

Gegen Abend kommt meine Frau Konstanze von der Arbeit nach Hause. Sie hatte mir geraten, zum Arzt zu gehen, und sie will nun genau wissen, wie es mir heute ergangen sei. Um es gleich auf den Punkt zu bringen, sage ich ihr: »Ich bin für zwei Wochen krankgeschrieben und muss jetzt ein weiteres Antidepressivum nehmen, das zu Erektionsproblemen und Haarausfall führen kann.«

Natürlich habe ich dann noch ausführlicher erzählt, aber in meiner Wahrnehmung sind das nun mal die Eckpunkte.

Tag 2

Donnerstagmorgen. Die Nacht habe ich durchgeschlafen. Ich öffne die Augen und bin sofort hellwach und in meinem Gedankenkarussell gefangen. Tausende Dinge schießen mir durch den Kopf, die sich in einer Endlosschleife wiederholen. Ich fasse mal kurz zusammen:»Oh Gott! Was habe ich getan!«,»Ich werde gekündigt«,»Kein Geld!«,»Das Ersparte frisst die Inflation auf«,»Was werden die Verwandten und Bekannten sagen?«, und am Schluss noch»Flüchtlingskrise«,»Ukrainekrieg«,»Atomkrieg«,»Alles aus«. Und dann beginnt das Ganze wieder von vorne.

Konstanze, meine Frau, ist heute zu Hause, und ich bin froh, dass sie da ist. Ich weiß, dass sie die Situation genauso belastet wie mich; und dennoch versucht sie immer wieder, mich zu beruhigen. Sie merkt, dass ich mich in meiner Gedankenwelt vergrabe, und versucht, mich abzulenken, zu beschäftigen und Aufgaben zu delegieren, was ich nicht wirklich gewohnt bin. Ich komme nur schwer in Gang – wie ein Auto, das sich im Leerlauf befindet, wo man Gas gibt und nichts passiert.

Beim Frühstück klingelt das Telefon. Ich zucke zusammen. Zum Glück ist meine Ärztin dran.

»Ich wollte Sie nur kurz über das Ergebnis des Bluttests informieren. So weit ist alles okay – bis auf den Cholesterinwert, der ist etwas zu hoch. Ist bestimmt erblich bedingt, da Sie ja nicht dick und ein sportlicher Typ sind.«

Ich muss zugeben, der Cholesterinwert interessiert mich

recht wenig, sehe ich doch ein Herzinfarktrisiko in diesem Moment als das kleinere Übel an. Was mich mehr beschäftigt, sind das neue Medikament und die auf dem Beipackzettel beschriebenen Nebenwirkungen.

Sie will mich beruhigen und meint:»Das Medikament ist eigentlich ganz gut verträglich, und wenn Sie den Beipackzettel von einem Schmerzmittel lesen, werden Sie feststellen, dass dort genauso viele Nebenwirkungen aufgelistet sind – doch wer liest dort schon den Beipackzettel?«

Das scheint mir erst mal einleuchtend zu sein, und ich bin erleichtert, mit ihr darüber gesprochen zu haben. Der nächste Arzttermin ist erst wieder in eineinhalb Wochen. Das macht mich nervös, bin ich doch bis dahin komplett auf mich allein gestellt. Wie soll ich da klarkommen?

Sie versucht, mich zu beruhigen:»Natürlich können Sie auch früher vorbeikommen, wenn es Ihnen schlechter geht. Strukturieren Sie Ihren Tagesablauf, gehen Sie raus, treiben Sie Sport, und machen Sie Dinge, die Ihnen Spaß machen.«

Ich merke, dass sie jetzt keine Zeit mehr hat und das Telefonat beenden will. Allerdings habe ich noch Fragen, will wissen, warum sie mir die Dosierung 20 mg und nicht, wie im Beipackzettel empfohlen, 10 mg verordnet habe.

»Gestern war ich der Meinung, dass es in Ihrem Fall wohl besser wäre. Ich stell Ihnen aber frei, auch nur 10 mg einzunehmen«, erwidert sie und verabschiedet sich jetzt schnell.

Ich bin nun komplett verunsichert. Wie kann man einem depressiven Unentschlossenen die Entscheidung überlassen, 10 mg oder 20 mg zu nehmen? Wie kann das sein?

Ich schaue immer wieder auf mein Geschäftshandy. Husche durch die E-Mails und warte auf eine Reaktion meines Chefs.

Ich stocke: Leni, die Assistentin meines Chefs, hat mich angeschrieben. In herzlichen Worten wünscht sie mir gute Besserung und bittet mich darum, die Original-Krankmeldung an das Personalbüro zu senden. »Blöd«, denke ich, »weiß sie denn nicht, dass die Krankmeldung elektronisch übermittelt wird? In einem Hightech-Unternehmen wie diesem sollte das doch möglich sein.« Egal, ich suche einen Umschlag und mache die Bescheinigung versandfertig.

Konstanze, die mit Putzen beschäftigt ist, meint nur: »Bring du bitte die Krankmeldung zum Briefkasten, das Laufen tut dir bestimmt ganz gut.«

Es kostet mich Überwindung rauszugehen. Und wie das halt so ist, wenn man niemandem begegnen will, kommt ausgerechnet in diesem Moment meine Nachbarin aus dem Haus, die mit ihrem neuen Hund auf Gassitour gehen will. Freundlich grüße ich sie und überlege, was ich sagen soll. Sie erwidert weder meinen Gruß, noch ist sie gesprächsbereit, sondern schaut Richtung Hund nach unten. Kann sein, dass sie doch grüßte und ich es nicht hörte oder sie gerade telefonierte und ich es nicht bemerkte. Der Hund zog, und sie nervte. Aber egal, welch wohlwollende Lösung ich auch für sie fand, am Schluss verfestigt sich mein Denken: »Sie weiß, dass ich zu Hause bin, Depressionen habe und wohl ein Versager bin, mit dem man lieber nichts zu tun haben will.« Auf dem kompletten Hin- und Rückweg zum Briefkasten, der 15 Minuten in Anspruch nimmt, spiele ich das Szenario im Kopf rauf und runter durch. Vielleicht habe ich ja etwas übersehen?

Wieder daheim, erzähle ich Konstanze davon, die nur meint: »Mit drei Kindern, Mann im Homeoffice und einem Hund ist sie wahrscheinlich nur gestresst, genervt und in Eile gewesen.«

So unterschiedlich kann man Situationen beurteilen. Im Normalfall hätte ich meiner Frau recht gegeben, was ich natürlich auch tat, aber in meiner Gedankenwelt blieb meine Version die einzig richtige.

Mein Geschäftshandy, das in Reichweite liegt, zeigt mir die Message, dass es sich ausgerechnet heute updaten will. Mist! Ich bestätige. Nach kurzem SW-Download unternimmt das Handy einen automatischen Neustart. Kurz nach dem ersten Ladebalken, der den Installationsfortschritt anzeigt, bleibt der Bildschirm plötzlich schwarz. Mich überkommt die Sorge, dass ich wohl was falsch gemacht haben könnte und nun alles gelöscht sein werde. Wie soll ich das dann wieder erklären? Ich verfalle jetzt in Panik und drücke hektisch alle Buttons, doch nichts hilft. Mir kommt die Idee, das Ladekabel anzuschließen. Ich habe Glück, das Handy lässt sich wieder starten. Uff, gerade noch mal gut gegangen! Dann checke ich meine privaten Nachrichten und merke, wie sich an meinem Smartphone das Display vom Gehäuse löst. Mist! Jetzt muss ich mir auch noch ein neues kaufen.

Ist das alles wirklich Zufall, oder will mich da jemand in den Wahnsinn treiben? Während ich noch hadere, wird auf meinem Handy eine neue Nachricht angezeigt. Mein ehemaliger Chef hat mich angeschrieben. Er möchte gerne mein Bild vorbeibringen, das in der Kantine ausgestellt war, und fragt nun, wann es bei mir zeitlich passen würde. Oh Gott! Wenn er mich in diesem Zustand sieht, was soll ich ihm dann sagen? Wie soll ich ihm erklären, dass ich nun zu Hause bin? Hatte ich mich doch durch den Weggang noch tiefer in die Scheiße geritten.

Konstanze wollte heute eigentlich joggen gehen. Da sie mich aber wie ein Häufchen Elend sitzen sieht, schlägt sie vor:»Lass uns doch gemeinsam rausgehen und einen Spaziergang machen. Draußen scheint so schön die Sonne!«

Wieder schießen mir tausend Gedanken durch den Kopf. Was sollen die Leute denken, wenn sie mich schon wieder draußen sehen? Ich bin doch krankgeschrieben und gehe den ganzen Tag spazieren. Das geht doch gar nicht. Ich will Konstanze natürlich nicht enttäuschen und überlege, wie ich es dennoch möglich machen kann, und sage:»Lass uns auf die Alb fahren, um dort etwas zu wandern«, und denke:»… möglichst weit weg von hier, wo mich keiner kennt«. Der Vorschlag kommt gut an, und wir machen uns auf den Weg. Oben angekommen, wandern wir vom Parkplatz aus nur ein kurzes Stück zu einer Burgruine, die am Albtrauf auf einem steil abfallenden Felsen thront.

Auf dem Weg dorthin schüttet mir Konstanze ihr Herz aus:»Es hat mich schon immer belastet, all die Jahre schon und ich bin jetzt froh, dass du zum Arzt gegangen bist und dir Hilfe gesucht hast.« Dann erzählt sie mir:»Auch ich habe mir schon Hilfe gesucht – als ich noch Kirchenpflegerin war, habe ich mich unserem Pfarrer anvertraut, da ich sonst mit keinem darüber reden konnte.«

Ich bin erstaunt und erschrocken zugleich. Wie konnte sie mein Geheimnis einem für mich fremden Menschen anvertrauen? Mir wird jetzt erst klar, wie stark sie wohl gelitten haben muss, da sie eigentlich kein Mensch ist, der von außen Hilfe annimmt. Ich schäme mich dafür.

Die Burgruine, die bei Traumwetter wie im Bilderbuch erscheint, weckt in mir nur den Gedanken, mich von einem Felsen hinab in die Tiefe zu stürzen, um mein Gedankenchaos endlich zu beenden.

An einer Stelle scheint es mir sogar möglich zu sein, mit einem Auto in den Abgrund zu stürzen. Wie geil wäre das denn! Ein perfekter Abgang wie im Film, und mein Außenbild bliebe erhalten. Ich glaube, meine Frau konnte meine Gedanken lesen und hält mich darum auf Abstand zum Abgrund.

Als wir wieder zurück beim Auto sind, schlägt Konstanze vor, in ein nahe gelegenes Café zu fahren. Sie hat Lust auf Kaffee und Kuchen. »Wir machen das ja so selten, und heute haben wir ja Zeit.«

Ich stimme zu. Ist ja weit weg von unserem Wohnort. Im Café ist es voll, und ich fühle mich unwohl. Ich habe jetzt doch Angst, dass mich jemand erkennen und ansprechen könnte nach dem Motto »Du hier – du bist doch krank! Hast heute wohl einen Tag blau gemacht. Schämst du dich denn nicht?«. Doch, das tue ich wirklich. Ich bin froh, als wir fertig sind und wieder gehen.

Zurück zu Hause, lege ich mich mit meinen Gedanken im Gepäck auf die Couch, um mich auszuruhen. Mein Körper versucht, zu entspannen. Doch mein Geist kennt keine Pause, und meine Gedanken fangen wieder an zu kreisen. Alles Positive wird durch Negatives ersetzt. Angst ist das dominante Gefühl. Meine Zukunft ist keine mehr. Je länger ich liege, umso schlimmer wird es. Wie soll das in den nächsten Tagen werden? Was bringt mir die neu gewonnene Zeit, wenn ich hier nur rumliege und mich schlecht fühle? Ich muss an das Gespräch von heute Morgen mit meiner Ärztin denken. Laut ihr soll ich meinen Tag strukturieren, rausgehen und Sport treiben und Dinge machen, die mir Spaß machen, um mich abzulenken. Das Naheliegende, wie Radtouren und Filme darüber zu machen und auf YouTube hochzuladen, kommt nicht infrage. Was hätte das für eine Außenwirkung? Doch das hat mir in der Vergangenheit immer am meisten Spaß gemacht: mein Leben filmisch festzuhalten und zu kommentieren. »Okay«, denke ich, »wenn ich schon keine Filme machen kann, könnte ich es zumindest aufschreiben, damit ich nichts vergesse. Ich kann ja so was wie ein Tagebuch führen, beginnend mit dem ersten Tag der Krankschreibung und bis zur finalen Wunderheilung – die hoffentlich bald eintrifft.« Zugegeben: Bislang bin ich nicht der tolle Schreiberling, und es fällt mir auch echt schwer, Sätze grammatikalisch richtig zu formulieren, aber das ist jetzt genau das Richtige und lenkt mich auch noch ab.

Am Abend schaut meine Frau »Germany's Next Topmodel«, auch eine Art von Ablenkung, und ich schreibe nebenher.

Tag 3

Freitagmorgen. Ich wache auf, bin sofort hellwach, und es geht mir nicht gut. Ich höre meine Frau im Bad. Sie geht heute zur Arbeit, und ich werde den halben Tag alleine sein. Sie verabschiedet sich. Ich bleibe liegen, versuche, noch etwas zu schlafen, doch mein Kopf gibt keine Ruhe. Ich spreche zu mir selbst: »Du kannst nicht einfach liegen bleiben. Was bist du doch für eine faule Sau!« Nach zwei Stunden innerer Überredung stehe ich auf, komplett nass geschwitzt wie nach einem Dauerlauf. Automatisiert gehe ich ins Bad, ziehe mir die nassen Klamotten aus und wasche mich. Danach mache ich Frühstück. Ich habe nicht wirklich Hunger, zwinge mich aber zum Essen, bevor ich die nächste halbe Pille schlucke. Ich fühle in meinen Körper hinein, spüre aber keine Verbesserung meiner Stimmung und fange an zu grübeln. Eventuell zeigen die Superkräfte bei mir keine Wirkung, eher schwächen sie mich wie Superman das Kryptonit.

Dann checke ich wieder meine Geschäfts-E-Mails. Ein Kunde hat mich angeschrieben. Ich könnte antworten, tue es aber nicht. Bin ja schließlich krank. Der Gedanke verfolgt mich die ganze Zeit. Es ist doch meine Aufgabe. Ich komme nicht zur Ruhe, muss mich ablenken. Ich verfolge nun meinen Vorsatz von gestern, hole meinen privaten Laptop und schreibe meine Gedanken auf.

Nebenbei höre ich eine Sendung, die im Radio läuft – blöd nur: eine Psychiaterin zu Gast in einer Talksendung. Wie kann es anders sein? Es geht um das Thema »Psychische Erkrankungen«. Von den leichten, mittelschweren bis schweren Arten, die von der Schizophrenie bis zu Gewalttaten reichen. Die Sendung macht mir Angst. Ich frage mich, wo sie mich wohl einstufen würde – bei »mittelschwer« oder »schwer« oder sogar »verrückt«? Ist das jetzt wirklich noch alles Zufall? Was will mir das Universum sagen? Das Ticken unserer Wohnzimmeruhr hämmert mit einem stupiden wiederkehrenden Beat auf mich ein und macht Zeit auf reale Weise spürbar.

Jeder Schlag ein Schritt in eine ungewisse Zukunft. Ich würde gerne zurückspulen zu glücklichen Tagen, doch die Uhr kennt nur die eine Richtung, nach vorn. Ich bin angespannt, fühle mich einsam und verlassen.

Meine Frau kommt nach Hause, ist ausgepowert und müde vom Job. Ich will reden, doch sie ist genervt, weiß sie doch, dass sich alles wieder um dasselbe Thema dreht. Sie weicht mir aus, geht ins Bad, ich fühle mich schlecht. Sie kommt zurück, isst eine Kleinigkeit, und es geht ihr besser. Wir reden kurz. Dann will sie wieder los:»Ich gehe noch zu meinen Eltern rüber, war schon lange nicht mehr dort.« Aus vielen Gesprächen weiß ich, dass sie das mit ihren Eltern sehr belastet. Ihre Mutter hatte vor Kurzem einen Radunfall und musste operiert werden. Ihre Schwester wohnt weit weg. Konstanze fühlt sich jetzt allein verantwortlich für ihre Eltern.

Draußen weht ein stürmischer Wind. Ab und zu scheint die Sonne herein und bringt etwas Licht in die dunkle Stube. Ich muss ans Radfahren denken, wo man Wind und Wetter ausgesetzt ist, und an all die vielen Alpentouren, die ich mit meinen Freunden schon unternommen habe. Was haben wir dort schon alles erlebt! Zumeist viele schöne, sonnige Tage, aber auch Schlechtwettertage mit Regen und Schnee waren dabei. Der Col du Galibier ist einer der höchsten Gebirgspässe in den Französischen Alpen, den wir bei einsetzendem Schneefall auf einer Höhe von über 2600 m überquert haben. Was haben wir alle gefroren! Und doch ist die Erinnerung an diesen harten Tag für immer eingebrannt in unser kollektives Gedächtnis und zählt heute zu den wertvollsten und schönsten, die wir an all unsere Touren haben. Wie wird es wohl später sein, wenn ich mich an die heutigen Tage meiner Depression zurückerinnere? Werde ich mich dafür schämen oder stolz darauf sein, es durchgestanden zu haben nach dem Motto»Was mich nicht umbringt, macht mich härter«? Kann man das überhaupt miteinander vergleichen? Meine Laune verändert sich jetzt mit dem Licht der Sonne, die immer wieder hinter dunklen Wolken verschwindet. Ich muss an die Worte meiner Ärztin denken, die mir empfohlen hatte, ich solle doch etwas Sport treiben. Ich muss innerlich lachen. Sie weiß ja nicht, was ich sportlich schon alles geleistet habe. Ich merke, wie überheblich das klingt, auch wenn ich es nur denke. Aber genau das hat mich in den letzten Jahren ausgezeichnet: der Glaube daran, alles zu schaffen. Das macht mich auch irgendwie stolz. Doch jetzt kostet es mich Überwindung, aufs Rad zu steigen. Ich habe einen Rollentrainer und kann somit jederzeit auch im Winter bei angenehmen Temperaturen im Keller Rad fahren und virtuell einen Pass erklimmen. Aber heute finde ich keine Motivation. Ich muss an Udo Bölts denken, der den legendären Spruch prägte:»Quäl dich, du Sau!« Immer wieder geht mir der Satz durch den Kopf.»Quäl dich, du Sau!« oder »Du faule Sau!« sind heute wohl meine Lieblingssätze. Endlich nach vier Stunden Anlauf steige ich aufs Rad und fahre.

Eineinhalb Stunden später bin ich total ausgepowert und voll von Glückshormonen. Ich weiß nicht, was real ist oder die Wunderpille bewirkt hat. Wenn es doch so einfach ist, sich gut zu fühlen, warum gelingt es mir nicht auf normalem Weg? Muss ich denn jetzt täglich Pillen schlucken oder Rad fahren? Wenn doch eine Pille die gleichen Gefühle schaffen kann wie z. B. Sport: Ist unser Leben, was Glück und Angst anbelangt, nur gesteuert von einem chemischen Mix aus Botenstoffen, die im Gehirn produziert werden? Ist alles nur Veranlagung? Sind wir womöglich fremdgesteuert? Entscheiden Gene über Glück und Unglück eines Menschen? Was kann ich selbst beeinflussen, und was wird mir in die Wiege gelegt? Ist alles vorprogrammiert, und hatte ich je eine Chance, anders zu werden? Ich bewundere Menschen, die ein großes Selbstwertgefühl haben, mit einem großen Ego durchs Leben gehen und sich immer im Recht fühlen. Das ist bei mir anders. Ich suche den Fehler stets bei mir und nie bei anderen. Auch will ich es allen Menschen recht machen und nicht anecken. Bin sozusagen ein harmoniesüchtiger Mensch.

Nachdem ich ausgeschwitzt habe, kommt meine Frau nach Hause. Sie wirkt erleichtert, und mir wird klar, warum: Sie hatte mit ihren Eltern über meine Krankheit gesprochen. Für mich ist das okay, weiß ich doch, dass ihre Eltern das nicht nach außen tragen werden. Sie sind noch die Generation »Darüber spricht man nicht«, und ich bin froh, dass zumindest sie sich jemandem anvertrauen konnte. Wir machen gemeinsam Essen und setzen uns zu Tisch. Meine jüngere Tochter Sophie kommt nach Hause und setzt sich zu uns. Auch sie macht sich Sorgen um mich und will darüber reden. Da ich noch vollgepumpt mit Endorphinen bin, bin auch ich gesprächsbereit. Es ist wahrscheinlich eines der besten und offensten Gespräche, das ich mit meiner jüngeren Tochter je geführt habe, und ich merke, wie erwachsen sie schon ist. Ich möchte nichts auslassen und erzähle ihr meine ganze Leidensgeschichte. Angefangen mit meinen Schlafproblemen, die sich vor acht Jahren zu einer Depression steigerten, über die Einnahme meiner Medikamente und anhaltende Ängste. Vieles hatte mit meiner Arbeit zu tun, aber auch mit Ängsten vor sozialem Abstieg.

Sie reagiert richtig gut und meint: »Kannst du nicht einfach kündigen und das tun, was dir Spaß macht?

Tun, was mir Spaß macht. Eigentlich hatte sie den Nagel auf den Kopf getroffen. Tun, was einem Spaß macht. So einfach scheint die Lösung zu sein, wenn man jung ist, doch im Alter ist alles irgendwie komplizierter und scheinbar unmöglich. Wir scherzen und verständigen uns darauf, beide mit einer Social-Media-Karriere neu durchzustarten, sie auf TikTok und ich auf YouTube, und natürlich werden wir uns dabei gegenseitig unterstützen. Ich fand es schon immer toll, wie sie sich vor der Kamera präsentierte, konnte sie doch ganz einfach drauflosreden. Wir beschließen eine Kooperation, sie vor der Kamera und ich als Producer im Hintergrund. Ich merke, dass noch nicht alles besprochen ist und sie noch etwas beschäftigt, und frage nach:»Macht dir das Sorgen, dass ich zu Hause bin?«

»Nein, das ist es nicht, und ich finde es gut, dass wir offen darüber sprechen.«

Dennoch irgendwas bedrückt sie, und ich frage nach, was ihr Sorge bereite.

»Ja, schon, ich mache mir Sorgen …«, es ist für sie nicht leicht, es auszusprechen.»Ich habe Angst, dass du dir was antust.«

Innerlich berührt, sage ich schnell:»Das musst du nicht. Ich hänge zu sehr an meinem Leben, was ja auch meine Radtouren und Filme beweisen.«

Sie ist beruhigt und erleichtert, dass ich das sage. Ob ich das in diesem Augenblick wirklich so meine, sei dahingestellt. Konstanze ist sichtlich froh, dass ich mit meiner Tochter darüber gesprochen habe. Es ist sicher gut, mit mehreren Menschen darüber zu sprechen und das Ganze auf mehrere Schultern zu verteilen; umso leichter wird die Last für den Einzelnen. Das gilt sowohl für den Kranken als auch für dessen Angehörige.

Befreit von einer kleinen Last, verabschiedet sich meine Tochter. Sie will heute noch mit Freunden zur Faschingsparty in einen Club und feiern gehen. So, wie man das halt macht, wenn man jung und sorgenfrei ist.

Tag 4

Samstag. Wochenende und meine Frau zu Hause. Ich bin froh, dass ich nicht alleine bin. Sie will in die Stadt und steht früh auf. Ich brauche ein Weilchen, da mein Kopfkino schon wieder Psycho im Programm hat. Also hülle ich mich in die Decke ein und will nicht aufstehen. Als der Frühstücksruf von unten ins obere Schlafzimmer dringt, zwinge ich mich dazu.

Heute steht nun die Entscheidung an, ob ich von einer halben Pille mit 10 mg auf eine ganze mit 20 mg erhöhen soll. Die Ärztin hatte es mir ja freigestellt, was mich jetzt schon wieder vor eine unlösbare Aufgabe stellt. Nach langer Diskussion mit meiner Frau beschließe ich, weiterhin nur eine halbe zu nehmen. Ich hoffe nur, dass ich mich nicht falsch entschieden habe, da ich mir eine schnelle Verbesserung meines Zustandes wünsche.

Beim Frühstück erzählt Konstanze ausführlich vom gestrigen Gespräch mit ihren Eltern und davon, wie verständnisvoll sie reagiert haben. Aber wie das bei einer Depression eben so ist, bleiben wieder mal nur die blöden Sätze hängen. Ihr Vater meinte irgendwann am Ende des gestrigen Gesprächs:»Er kann ja auch einfach wieder arbeiten gehen.«

»Okay«, denke ich,»wie wenn das so einfach wäre!«

Meine Frau muss nun los in die Stadt und verabschiedet sich

schnell. Wie gewohnt will sie sich mit ihren Freundinnen zum Kaffeeplausch treffen. Ich bin froh, dass sie rausgeht, um sich abzulenken … Und was mache ich? Denke weiter über den Satz ihres Vaters nach.

Um mich abzulenken, setze ich mich wieder an meinen Laptop und schreibe. Heute fallen mir die Sätze besonders schwer. Ich formuliere immer wieder um. Meine Gedanken sind genauso konfus wie die Sätze, die ich in die Tastatur hämmere. Ich fühle mich schlecht, möchte mich aber wieder gut fühlen und beschließe, wieder aufs Rad zu steigen … Wie lange werde ich heute dafür brauchen …? Während ich noch sitze und überlege, kommt meine Frau wieder nach Haus und hat chinesisches Essen mitgebracht.

»Wolltest du nicht Rad fahren? Bei schönem Wetter fährst du samstags doch normal immer draußen.«

»Aber was ist schon normal?«, denke ich. Nach langem Überlegen entscheide ich mich dafür, nach dem Essen raus-zugehen und eine Runde zu joggen. Danach fühle ich mich wieder besser.

Doch das »Gut«-Gefühl ist nicht von langer Dauer. Wie jeden Abend um acht schaue ich Nachrichten, die meine gute Stimmung wieder in den Krisenmodus bringen. Egal über welches Thema auch berichtet wird, ich stelle sofort einen Bezug zu meiner Situation her. Der Krieg in der Ukraine, der sich auf un-sere Energiepreise auswirkt, was wiederum steigende Lebens-mittelpreise zur Folge hat, die dann letztendlich die Inflation nach oben treiben und mein Erspartes zunichtemachen. Und zum krönenden Abschluss noch der Klimawandel, der uns alle betreffen wird. Wobei ich hier schon an meine Kinder denke, die damit klarkommen müssen. Schade, dass es keine Nachrichtensendung gibt, bei der nur gute Nachrichten vorgelesen werden, etwa »Die schönsten Meldungen des Tages!«. Wie geil wäre das denn! Doch leider verkaufen sich die schlechten besser.

Den Abend lassen wir dann mit einer Serie auf Netflix ausklingen. Es geht dabei um Menschen, die Stimmen hören und Visionen haben, die sie auf Ereignisse in der Zukunft hinweisen. Was in der Serie als göttlich angesehen wird, wäre im wahren Leben krankhaft. Mein durch die Radiosendung erlangtes Fachwissen reicht schon aus, um die Personen als schizophren einstufen. Egal, ist ja nur eine Serie, und ich versuche, dabei zu entspannen.

Tag 5

Sonntagmorgen. Ich wache auf und fühle mich körperlich schlecht. Habe irgendwie Magenschmerzen. Ob das von den Tabletten kommt, weiß ich nicht. Meine Frau ist schon früher aufgestanden. Sie will heute mit den Mädels zum Faschingsumzug nach Donzdorf gehen. Normal wäre ich mitgegangen, doch jetzt werde ich natürlich zu Hause bleiben. Krank zu sein und zum Fasching zu gehen, passt irgendwie nicht; und wenn mich dann noch jemand sieht? Ich weiß, dass eine Kollegin in Donzdorf wohnt, und die geht da sicher auch hin.

Als wir frühstücken, klingelt es, und meine ältere Tochter trifft ein. Maria ist ein empfindsamer, nachdenklicher und sehr ordnungsliebender Mensch – so, wie ich das auch bin. Im Gegensatz zu Sophie, die ihre Gefühlswelt nach außen trägt und eher spontan, aber auch chaotisch sein kann.

Maria setzt sich zu uns, und wir unterhalten uns. Zuerst nur sehr oberflächlich, dennoch schwebt meine Krankheit im Raum. Nach dem Frühstück bin ich mit Maria allein, und ich weiß, dass auch wir reden müssen. Es fällt mir schwer, da ich sie mit meinen Sorgen nicht belasten will, und dennoch muss es ausgesprochen werden. Am Anfang will sie wissen, warum ich zu Hause sei und nicht mehr arbeiten könne. Wie auch bei Sophie erzähle ich ihr die ganze Geschichte. Angefangen von meinen Schlafstörungen bis hin zu meinem neuen Job, wo ich jetzt unglücklich bin. Dann sage ich einen blöden Satz, den ich sofort bereue:»Du bist mir so ähnlich. Ich hoffe, dir passiert nicht dasselbe wie mir; und wenn doch, suche dir schnellstmöglich Hilfe.« So in etwa … Sie fängt an zu weinen, und ich merke, wie doof das von mir war. Ich nehme sie in den Arm, was ich schon lange nicht mehr getan habe, und halte sie eine Weile. Es ist ein gutes Gefühl. Normalerweise lässt Maria wenig Nähe zu. Heute ist es anders und doch so vertraut. Nachdem wir uns gegenseitig getröstet haben, erzählt sie mir, dass auch sie schon ähnliche Gedanken gehabt habe und nicht mehr habe zur Arbeit gehen wollen. Wie auch ich hatte sie zu Beginn des Jahres ihren Job gewechselt, weil sie mit ihren Kollegen nicht mehr klarkam. Ich hatte ihr damals zugeraten, selbst die Initiative zu ergreifen und nicht länger zu warten. Und tatsächlich hat es sich für sie ausgezahlt: Sie ist jetzt glücklich mit ihrem neuen Job – im Gegensatz zu mir.

Im Flur draußen wird lautstark diskutiert. Ich höre, wie meine Frau mit Sophie schimpft:»Du lässt alles liegen, immer muss man dir hinterherräumen, du hilfst nicht im Haushalt und bist total unordentlich!« Es war so, als wollte Konstanze ihren ganzen Frust an ihr abladen.

Maria meint leise:»Wenn ich da bin, herrscht bei euch immer schlechte Stimmung.«

Meine Frau hört das und fängt an zu weinen. Ich kann sie nur mit Mühe beruhigen. Anscheinend sind wir heute alle ziemlich am Ende. Als sie alle aus dem Haus sind, bin ich zum ersten Mal froh, alleine zu sein.

Doch was anfangen mit der Zeit, ohne ständig nachgrübeln zu müssen? Ich erinnere mich an den Spruch von meiner Frau: »Du kannst dir mal wieder die Haare schneiden, sind oben schon wieder ziemlich lang.« Ja, richtig, ich mache das selber – und nicht schlecht. Als ich fertig bin, habe ich schon wieder Ängste und rede mir ein:»Wenn mich jemand mit kurzen Haaren sieht, könne er ja meinen, ich sei beim Friseur gewesen: ›Jetzt ist er krank und geht dann auch noch zum Friseur. So schlimm kann es ja wohl nicht sein.‹«

Ich werde aus meinen Gedanken gerissen. Johanna, die Tante meiner Frau, schreibt mich auf WhatsApp an. Sie wundert sich, wo ich denn sei. Wir wollten uns doch auf dem Fasching treffen, und jetzt sei ich nicht dabei. Was ich denn hätte? Ich weiß zuerst echt nicht, was ich schreiben soll, überlege lange und antworte dann mit dem nichtssagenden Satz:»Mir geht es heute nicht so gut, und ich ruhe mich aus«, was sie auch gleich mit einem Daumen nach oben quittiert.»Gut«, denke ich,»sie fragt nicht nach, was ich hätte«, und bin erleichtert.

Dann überprüfe ich meine privaten E-Mails. Mein ehemaliger Arbeitgeber, den ich wegen des ausstehenden Arbeitszeugnisses nochmals angeschrieben hatte, hat sich jetzt gemeldet und für die Verspätung entschuldigt. Damit es schneller geht, soll ich eine Auflistung meiner damaligen Tätigkeiten zusammenschreiben und zumailen – als ob die Firma das nicht wüsste! Ich brauche dann den ganzen Nachmittag, bis ich die E-Mail geschrieben und weggeschickt habe. Schließlich will ich keine Tätigkeit vergessen, was ja zu meinem Nachteil wäre.

Am Abend kommt meine Familie wieder vom Fasching zurück. Sie berichten, wie toll und voll es dort gewesen sei und dass sie ewig lange im Stau gestanden hätten. Anschließend seien sie dann noch bei Burger King essen gewesen. Ich vermute, sie hatten es wohl auch nicht eilig heimzukommen, denn da saß ja nur ein Depressiver. Auf jeden Fall bin ich froh, dass es allen wieder besser geht – außer mir natürlich.

Tag 6

Montagmorgen. Ich wache auf, bin allein, fühle mich einsam und schlecht. Ich zwinge mich, um Punkt 9:00 Uhr aufzustehen. Mache mir Frühstück. Es geht mir gefühlt von Tag zu Tag schlechter wie bei einer Spirale, die sich immer schneller nach unten dreht. Ich zweifle daran, dass meine Entscheidung richtig war, nur eine halbe Pille zu nehmen. Da Geduld nicht gerade meine Stärke ist und ich mir eine schnelle Besserung erhoffe, beschließe ich spontan, eine ganze Wunderpille zu nehmen. Schon beim Schlucken bereue ich meine Entscheidung, habe ich doch jetzt einen Weg eingeschlagen, den ich nicht so schnell rückgängig machen kann.

Beim letzten Termin hatte mir meine Ärztin eine Reha empfohlen, die sie auch mit Dringlichkeit unterstützen wolle. Die
Anträge laufen über die Rentenversicherungsanstalt in Berlin
und müssen dort auch auf der Internetseite heruntergeladen
werden. Die Ärztin hat mich gebeten, diese beim nächsten Mal
mitzubringen. Was als einfache Aufgabe gedacht war, gestaltet
sich jetzt doch schwieriger. Auf der Internetseite werden zum
Thema Reha 13 Anträge angeboten, die einzeln oder auch als
Paket heruntergeladen werden können. Da ich nicht weiß, welche in meinem Fall die richtigen sind, entscheide ich mich für
das Ganze, was meine Frage nicht beantwortet und weitere auf-
wirft, wie Schwerstkranke oder ältere Menschen mit diesem
Bürokratismus klarkommen sollen. Da laut meiner Ärztin bei
einer Reha auch die Krankenkasse weiterhelfen kann, rufe ich
bei der AOK an. Auf meine Nachfrage hin, welche der vielen
Formulare ich denn jetzt ausfüllen müsse, kann mir die Mit-
arbeiterin nicht sofort Auskunft geben und ruft mich nach kurzer Zeit zurück. In meinem Fall sind es sechs Formulare, wobei
die Mitglieds- und Vorerkrankungsbescheinigung von der AOK
ausgefüllt und mir in den nächsten Tagen zugestellt werden
soll.

Nachdem ich die genannten Anträge ausgedruckt habe, beginne ich mit dem Ausfüllen. Meine Schrift ist allgemein nicht
die schönste, doch heute wirkt sie noch unleserlicher als sonst.
Darum beschließe ich kurzerhand, auf die Online-Bearbeitung
auf der Website im Internet zu wechseln. Ein verhängnisvoller
Fehler, wie sich herausstellt: Die Online-Eingabe weicht von der
Papierform ab, und auch die Bedienung scheint im ersten Moment nicht selbsterklärend zu sein. Am Ende der Eingabe sollen dann Dokumente hochgeladen werden, die für die Anträge

benötigt werden. Voraussetzung hierfür ist, dass mehrseitige Dokumente zu einer PDF-Datei zusammengefasst werden. Das stellt jetzt schon mal ein Problem dar, da mein Drucker zu Hause nur einzelne Blätter scannen kann und ich kein Programm habe, dass diese zusammenfügen würde. Wie soll ich das nun wieder lösen? Im Geschäft war ich immer derjenige, der jedem alles erklären konnte. Jetzt scheitere ich hier schon an einer solch simplen Aufgabe. Doch es wird noch schlimmer. Ich suche eine Upload-Möglichkeit für die AOK-Bescheinigung, die mir ja noch zugestellt werden soll, und finde keine. Ich verzweifle und gehe den Antrag von vorne bis hinten immer wieder durch. Vielleicht habe ich ja was übersehen oder nicht verstanden und drehe mich immer wieder im Kreis. Stunden vergehen, und als ich gar nicht mehr weiterweiß, rufe ich in einer Kurzschlusshandlung bei der Rentenanstalt an und versuche etwas verwirrt, den Sachverhalt zu erklären. Am Telefon eine Frau, die gleich meint, für Reha-Anträge nicht zuständig zu sein. Sie will mir aber dennoch helfen. Also beginnt sie im Hauptmenü, um mich Schritt für Schritt durchs Programm zu führen, was mich zweifeln lässt, ob sie mir wirklich helfen kann, da der Upload sich am Ende der Eingabe befindet. Ich kann und will ihr nicht folgen, außerdem dauert es mir zu lange. Auf ihre Rückfragen antworte ich immer nur:»Ja, habe ich schon gemacht.«

Sie will nun genau wissen, ob ich mich im beschriebenen Menü befinde.

Ich sage nur:»War ich schon, aktuell aber nicht.«

Sie merkt, dass ich nicht bei der Sache bin, und will nun das Telefonat beenden.»Sie können ja noch mal anrufen, wenn Sie so weit sind.«

»Ja, okay«, sage ich, lege schnell auf und bin nun komplett verzweifelt.»Du bist doch ein Versager! Nicht mal das be-

kommst du auf die Reihe. Was wohl die Frau von dir denkt?«
Ich kann nicht aufgeben, muss es schaffen und überlege, noch
mal von vorne zu starten. Tief in Gedanken versunken, höre
ich gegen drei Uhr Mittag meine Frau nach Hause kommen,
die ich erst später erwartet habe.

»Stell dir vor! Man hat uns nach Hause geschickt, weil im
neuen Bürogebäude die Rechner noch nicht angeschlossen
sind. Jetzt muss ich auch noch Überstunden nehmen, was ich
gar nicht will!«

Für sie war es verschwendete Zeit, für mich war es ein Segen
und ein Geschenk des Himmels. Schnell versuche ich, ihr den
Sachverhalt zu erklären.

Als sie merkt, dass ich keinen klaren Gedanken mehr fassen
kann, meint sie nur: »Lass uns lieber rausgehen und das morgen machen. Ich bin da auch zu Hause und kann dir ja dann
helfen.«

Ich weiche aus und möchte sie zum Weitermachen überreden, doch meine Frau lässt nicht locker: »Nein, das hat jetzt
keinen Sinn mehr. Wir gehen jetzt raus spazieren.«

»Okay«, sage ich, »dann gehen wir halt raus und machen
morgen weiter.« Mit Hartnäckigkeit hat sie es nun geschafft,
mich aus dem Gedankentief zu befreien.

Wir schleichen wieder mal aus dem Haus und nehmen den
direkten Weg über die Wiese, um Gesprächen mit unseren
Nachbarn aus dem Weg zu gehen. Die Sonne scheint, und es
ist schon leicht warm draußen. Mit jedem Schritt weg von daheim geht es mir besser, und ich bin erleichtert, dass mir meine
Frau für morgen ihre Hilfe beim Ausfüllen angeboten hat. Wir
sprechen erneut von unseren Sorgen, sie von ihren und ich von
meinen, obwohl meine natürlich wie immer schlimmer sind,

ist ja klar. Das schöne Wetter hat auch andere Spaziergänger aus dem Haus gelockt, die uns begegnen und freundlich grüßen. Bei einer Bank mit schönem Ausblick machen wir Pause. Ein altes Rentnerehepaar gesellt sich zu uns, und wir unterhalten uns über Belangloses, das Wetter und wie schön es heute doch sei. Auch sie genießen das kleine Glück, nach dem Winter mal wieder rauszukommen. Auf dem Rückweg treffen wir dann noch ein weiteres Paar, das uns auf dem Hinweg bereits begegnet ist, und wir scherzen:»Wohl die gleiche Idee gehabt, halt nur andersrum gelaufen.« Es ist so, als wolle der Himmel sagen:»Schau, wie schön alles sein kann, und es gibt noch Menschliches auf der Welt, wofür es sich lohnt zu leben.«

Zu Hause angekommen, prüfe ich erst mal wieder mein Geschäftshandy. Vielleicht hat ja jemand angerufen und mich nicht erreicht, obwohl ich ja krank und zu Hause sein sollte. Kein Anruf, was mich beruhigt, doch im Chat wird eine Nachricht angezeigt. Ein Kollege hat mich angeschrieben und fragt, wie es gehe. Was soll ich ihm bloß schreiben? Die Antwort »gut« geht gar nicht. Schreibe ich »schlecht«, will er wissen, was ich habe. Weil ich mich zu keiner Antwort durchringen kann, schreibe ich besser nichts, was ja irgendwie auch blöd ist, da er eigentlich ganz nett ist.

Meine Frau kocht Essen. Ich setze mich an meinen Laptop und schreibe wieder, es beruhigt mich. Die Grammatik spielt jetzt keine Rolle mehr, ich schreibe einfach drauflos und korrigiere später.

Tag 7

Dienstagmorgen. Ich wache auf, es geht mir noch schlechter. Meine Frau ist heute zu Hause und schon aufgestanden. Antriebslos vergrabe ich mich in meiner Bettdecke und versuche, noch mal zu schlafen, was mir nicht gelingt. Unruhig drehe ich mich hin und her. Ich schwitze unter der Decke. Ich setze mir eine Deadline »Um 9:00 Uhr stehst du auf!«, sage ich mir immer wieder. Die Uhr läuft wie im Countdown runter. 9:01 Uhr, schon leicht drüber, ich springe jetzt fast schon aus dem Bett und nehme den Schwung mit ins Bad, um mir schnell mein verschwitztes T-Shirt vom Leib zu reißen. Es riecht nach Kaffee, der Tisch ist schon gedeckt. Ich nehme eine ganze Wunderpille. Draußen scheint die Sonne, und im Radio läuft »Let the sun shine ...« Wie passend! Ich fühle mich immer noch schlecht und jetzt noch schlechter, da der Reha-Antrag weiterbearbeitet werden muss. Konstanze will mir heute helfen. Ich komme mir vor wie ein Schüler, dem man Nachhilfe erteilt.

Meine Frau macht mir Mut: »Lass uns das heute gemeinsam machen, das klappt schon, kann ja nicht so schwierig sein.« Ich will mit der Online-Bearbeitung weitermachen und ihr das Problem noch einmal erklären, doch Konstanze blockt ab und macht jetzt eine klare Ansage: »Lass uns die Formulare mit dem PC ausfüllen und dann per Post verschicken, dann ersparen wir uns das Einscannen und Hochladen. Davor sollte sowieso noch deine Hausärztin drüberschauen, ob alles passt.«

Und tatsächlich, mit ihrer Hilfe sind alle Probleme wie aus der Welt. Das Ausfüllen geht jetzt schnell von der Hand. Danach drucke ich alles aus, unterschreibe – fertig.

Ich bin erleichtert und dankbar für ihre Hilfe.

Mit einem leichten Befehlston kommt dann eine unerwartete Aufforderung: »So, jetzt gehst du raus und fährst eine Runde Rad! Heute ist das Wetter doch so schön.«

Ich kann mich jetzt, ehrlich gesagt, nicht erinnern, wann meine Frau das jemals zu mir gesagt hätte. Ich muss zugeben, dass ich es in der Vergangenheit mit Radfahren etwas übertrieben habe, was sie ziemlich genervt hat. Doch heute weiß sie, dass ich es brauche. »Gibt es eine bessere Frau auf der Welt?«, denke ich noch und gehe in den Keller, um mein Rad zu reaktivieren. Dachte ich mir schon: Das vordere Rad hat einen Platten. Es wäre auch zu schön gewesen. Bin erst mal wieder down, will mich aber nicht geschlagen geben. Ich muss unbedingt raus, rauf aufs Rad, und mache wie automatisiert weiter. Die Abläufe sind noch gespeichert, und ich lasse keinen Zweifel zu: Vorderrad raus, Mantel runter und den alten Schlauch gegen einen neuen tauschen, denn Flicken macht heute keiner mehr. Dann Mantel wieder drauf und aufpumpen. Zum Glück geht es alles schnell von der Hand, und ich bin froh. Jetzt noch Radlerklamotten zusammensuchen, anziehen, und es kann losgehen.

Konstanze ruft mir noch hinterher: »Bau bloß keinen Unfall!«

Sie hat natürlich recht, sonst wird es wohl richtig peinlich. Ich schleiche mit dem Rad aus dem Haus. Mein Nachbar, der durchs Fenster schaut, hat mich schon gesichtet. Blöd, aber heute ist Fasching, und vielleicht habe ich ja auch frei.

Als ich losfahre, bin ich noch etwas unsicher und habe ein schlechtes Gewissen. Kranksein und Radfahren passen irgendwie nicht zusammen. Ich spreche mir Mut zu: »Die Ärztin hat doch gesagt, ich soll raus und Sport treiben, ich mach doch nur,

was sie mir sagt.« Was also bedeuten muss: Krank und Radfahren passen sehr wohl zusammen, und es macht mir auch
noch Freude. Zuerst nur wenig, doch je länger ich fahre, umso
mehr Spaß habe ich dabei. Bei einem schönen Ausblick halte
ich an und sauge die Sonne und den Moment in mich auf. Jetzt
fühle ich mich wie von einer Last befreit und genieße es. Dann
fahre ich weiter und empfinde pure Freude ... Darf ich das?
Ich bin doch krank. Als ich wieder zu Hause bin und in die
Einfahrt einbiege, sehe ich meine Nachbarin, die mir freudig
zuwinkt und grüßt. Vor ein paar Tagen schien es noch so, als
wollte sie mich nicht kennen, und jetzt winkt sie mir auch noch
zu. Alles scheint wieder gut zu sein. Zum Ausschwitzen setze
ich mich noch auf die Terrasse. Konstanze setzt sich zu mir,
und wir genießen noch mal gemeinsam die Sonne, bevor sie
untergeht. Obwohl der Tag schlecht begann, habe ich mich
heute Mittag richtig gut gefühlt, und dennoch weiß ich, dass
morgen wieder alles anders sein wird.

Tag 8

Mittwochmorgen. 6:30 Uhr, der Wecker klingelt. Ich habe
keine Zeit zum Nachdenken, keine Zeit, mich schlecht zu fühlen. Reflexartig stehe ich auf, gehe ins Bad, wasche mich und
ziehe mich an. So, als würde ich zur Arbeit gehe, was ich aber
nicht tue. Ich habe heute um halb acht einen Zahnarzttermin
wegen meines Implantats, da sich dort mein Zahnfleisch leicht
entzündet hat. Ich muss den Termin auf jeden Fall wahrnehmen
und mache das auch, mit gewohnter Routine.

Bei der Heimfahrt hole ich mir noch etwas vom Bäcker. Beim Frühstück klingelt plötzlich mein Handy. Eine fremde Nummer wird angezeigt, und Panik macht sich bei mir breit. Ich rufe zurück, da ich die Nummer nicht kenne und mich der Situation stellen will.

Ein Vertreter meldet sich: »Kennen Sie mich noch? Ich habe Ihnen vor einem halben Jahr ein Angebot wegen einer Balkonsanierung gemacht.«

»Gott sei Dank!«, denke ich. Ich sage ihm, dass kein Interesse mehr bestehe, weil ich mein Elternhaus wohl verkaufen werde.

»Alles klar«, entgegnet er mir verständnisvoll und führt gleich weiter aus: »Ich habe gerade in Ihrer alten Firma angerufen. Die haben mir gesagt, dass Sie dort nicht mehr arbeiten. Hoffentlich war der Wechsel zu Ihrem Vorteil. Manchmal kommt man ja vom Regen in die Traufe.« Und lacht dabei etwas hämisch.

Ich beende freundlich, aber schnell das Telefonat und bin wie gelähmt, hatte er doch den Nagel auf den Kopf getroffen und mir tief ins Fleisch gerammt. Meine Stimmung ist jetzt auf dem Nullpunkt, eher sogar darunter. Ich lege mich auf die Couch und vergrabe mich tief unter meiner Decke, bis ich mich wieder warm und geborgen fühle.

Ich würde am liebsten schlafen, dann wieder aufwachen, und alles wäre gut.

Doch mein Gedankenkarussell lässt das nicht zu und fängt an, sich schneller zu drehen. Immer wieder gehe ich alle möglichen Optionen in meiner Schaltzentrale durch.

Nächste Woche wieder zur Arbeit gehen … Ich werde scheitern!

Mich weiter krankschreiben lassen … Ich werde gekündigt!

Selber zu kündigen … Ich werde beim Arbeitsamt gesperrt und bekomme kein Geld!

Mich in die Psychiatrie einweisen lassen … Dann habe ich auch noch den Stempel »Verrückt«!

Suizid … Dann bin ich all meine Sorgen los!

Vier Stunden drehe ich mich im Kreis und gehe die Punkte in der besagten Reihenfolge immer wieder durch. Um den Kreislauf zu durchbrechen, versuche ich, mich mit YouTube-Filmen abzulenken. Mir wird ein Video vorgeschlagen über Antidepressiva. Ich hatte wohl zu viel danach gesucht, und der Algorithmus hat jetzt ganze Arbeit geleistet. Der Doktor im Video ist kein Freund von Antidepressiva und rät davon ab, weil es sowieso nicht helfe und auch noch abhängig mache. Meine Zweifel werden bestätigt und meine Bedenken größer. »Käse, hätte ich mir das mal früher angeschaut!«

Meine Frau putzt das Haus, geht anschließend joggen und ahnt nichts davon; und ich lasse sie in dem Glauben, hat sie doch frei und muss sich auch mal erholen.

Meine Tochter kommt nach Hause: »Niemand da?«

»Doch, ich«, rufe ich leise von der Couch.

»Wo ist Mama?«

»Ich glaube, sie ist immer noch beim Joggen.«

Meine Tochter und ich wollten heute eigentlich spazieren gehen. Als ich abwinke, ist sie erst mal erleichtert, hatte sie doch heute einen stressigen Tag, und meint nur: »Ich lege mich auch noch etwas hin, ich will heute Abend noch zu meiner Freundin gehen.«

»Gut«, sage ich und lasse alle in dem Glauben, dass ich heute auf der Couch einen schönen Tag gehabt und nur mal so gedöst hätte. In Wirklichkeit war das alles andere als Erholung, sondern ein wahrer Horrortrip.

»Jetzt reichts!«, denke ich mir. »Steh endlich auf und mach irgendwas.« Meine Frau kommt gerade ausgepowert vom Joggen nach Hause. »Ich gehe auch noch etwas raus«, sage ich, als ob es das Normalste auf der Welt wäre, füge aber gleich hinzu: »Ich fahre ein Stück mit dem Auto, damit mich keiner sieht.«

Konstanze fragt besorgt nach: »Aber nicht auf den Breitenstein, oder?« Man muss wissen, der Breitenstein ist am Rande der Schwäbischen Alb und stark abfallend, und man könne sich von dort gut in die Tiefe stürzen.

»Nee, fahre zur Limburg.« Das beruhigt sie, da man dort nirgends runterspringen kann.

Am Fuße des Vulkankegels angekommen, parke ich am Friedhof und denke noch: »Wie passend!« Ich steige aus, fühle mich unbeobachtet und wandere los. Ich habe ein Ziel, und es macht mir Freude, den steilen Gipfel zu erklimmen. Als ich oben ankomme, vergeht mir meine Freude. Eine Wandergruppe hatte wohl die gleiche Idee und erfreut sich der tollen Aussicht. Ein Pärchen blickt dauernd zu mir rüber. Kennen die beiden mich etwa? Ich fühle mich beobachtet und setze mich etwas abseits auf eine Bank. Die Wandergruppe zieht nach ein paar Minuten weiter, und ich bin erleichtert. Jetzt erst kann ich die Aussicht genießen. Ich schaue in die Ferne. Es bläst ein kalter Wind, und der Himmel ist grau – so wie meine Gedanken, die mit mir ständig im Gespräch sind. Warum muss ich so leiden? Was habe ich getan? Habe ich das verdient? Ich komme mir schon vor wie Jesus am Ölberg, der ja auch wollte, dass der Kelch des Leidens an ihm vorübergehe. Dennoch ist er am Kreuz gelandet. »Was für ein Vergleich!«, denke ich noch. Dann mache ich mich auf den Rückweg und steige hinunter von meinem Ölberg. Der Abstieg fällt mir schwerer als der Aufstieg. Da hatte ich noch ein Ziel. Jetzt kehre ich zurück in eine ungewisse Zukunft.

Tag 9

Donnerstagmorgen. Ich wache auf, es geht mir schlecht. Ich habe schlimme Angstzustände.

Was war – was ist – was kommt. Ich verkrieche mich unter meiner Decke. Will mich geborgen fühlen. Ich schwitze. Meine Frau ist schon aufgestanden und macht Kaffee. Ich muss mich überreden aufzustehen. Kann mich ja später wieder hinlegen. Beim Frühstück bin ich eher ruhig, da ich nicht immer im Mittelpunkt stehen will.

Konstanze muss heute Mittag wieder zur Arbeit, doch mir wäre es lieber, sie bliebe, was sie auch merkt, und meint nur: »Einer muss ja Geld verdienen gehen.«

Ein Satz, der wieder mal kleben bleibt und mich beschäftigt. Ja, richtig, einer muss ja Geld verdienen, während ich zu Hause sitze und mir einen schönen Tag mache. Ich lege mich auf die Couch und versuche, mir wieder ein Wohlgefühl unter der Decke zu holen.

Meine Frau verabschiedet sich mit den Worten: »Kommst du klar?«

»Ja, sicher doch«, antworte ich schnell. Ich bleibe eine Stunde liegen und bin meinem Kopfkino ausgesetzt. Ich versuche, mich wieder mit YouTube-Filmen abzulenken, und es wird mir ein Film über das von mir eingenommene Antidepressivum

Escitalopram vorgeschlagen. Unheimlich, wie gut man mich schon kennt. Der Psychodoc, wie er sich nennt, erklärt überraschend gut und umfassend. Das Medikament scheint gut verträglich zu sein, hat aber auch einige wenige Nebenwirkungen wie z. B. auftretende Erektionsprobleme. Das Schlechte bleibt natürlich wieder hängen. »Mist«, denke ich mir, »wenn das auch nicht mehr klappt!« Ich versuche, mich abzulenken, und verfolge meinem Plan, im Keller Rad zu fahren, was mich einiges an Überwindung kostet. Doch es gelingt, und ich fahre in einer virtuell besseren Welt; und je länger ich fahre, desto stärker kehrt mein Wohlgefühl zurück.

Ich bin wieder motiviert und checke meine geschäftlichen Nachrichten. Im Teams-Chat hat mich ein Kollege aus einer anderen Abteilung angeschrieben. Er will seinen Musterkoffer zurück, den ich für eine Schulung ausgeliehen und noch nicht zurückgebracht habe. Wie ich vermute, weiß er nicht, dass ich krank bin. Mein Pflichtbewusstsein lässt es nicht zu, diese Frage unbeantwortet zu lassen, will ich mir doch auch nicht nachsagen lassen, dass ich Dinge ausleihen und nicht zurückbringen würde. Ich nenne ihm den Ort, wo er ihn finden und abholen kann, worauf er sich freundlich bei mir bedankt.

Da morgen mein Arzttermin ist, schreibe ich mir noch ein paar Fragen auf, wozu mir meine Frau auch geraten hat, damit ich nichts vergesse und nichts ungefragt bleibt. Das könnte mich ja wieder stundenlang beschäftigen. Die Liste ist lang, ich lasse nichts aus, auch wenn es als noch so belanglos erscheint. Zur Belohnung schaue ich mir dann noch einen Film an. »Das Leben danach« – wie immer passend zur Situation.

Gegen Abend kommt meine Frau nach Hause, wir essen und schauen dann noch unsere Lieblingsserie auf Netflix weiter.

Tag 10

Freitagmorgen. Ich wache auf, es geht mir sehr schlecht. Ich habe heute einen Arzttermin. Ich muss pünktlich aufstehen, doch es fällt mir unendlich schwer. Ich zögere jede Minute hinaus. Bin wieder komplett durchgeschwitzt, obwohl ich schon Funktionswäsche trage und mir ein Handtuch untergelegt habe. Ich versuche, meinen Automatismus zu aktivieren. Schnell aufstehen, ins Bad, dann frühstücken. Es gelingt. Nach dem Frühstück sortiere ich noch mal meine Unterlagen – Reha-Antragsformular, AOK-Schreiben und die Fragen, die ich mir am Vorabend notiert habe, um nichts zu vergessen.

Mit einem mulmigen Gefühl mache ich mich auf dem Weg, weiß ich doch, dass heute einiges passieren kann. In der Praxis werde ich gleich drangenommen. Statt ins Besprechungszimmer geht's zuerst in ein Nebenzimmer wo ein EKG gemacht wird, was bei der Einnahme von Antidepressiva im Vorfeld fast schon zum Pflichtprogramm gehört. Die Arzthelferin will freundlich sein und Small Talk mit mir halten und fragt mich, wie es mir geht. Ich sage nur kurz: »Ich leide unter Depressionen«, dann ist das Gespräch auch gleich beendet.

Dann noch mal kurz warten, und ich bin dran. Meine Ärztin begrüßt mich wie gewohnt mit einem Gesprächsgesang: »Wie geht's Ihnen?«

Ich sage nur kurz: »Schlecht.«

Sie will wissen, warum.

»Ich nehme jetzt seit eineinhalb Wochen das Medikament, und mir geht es jeden Tag gefühlt schlechter. Ich kann zwar durchschlafen, komme aber morgens nur schwer aus dem Bett, bin durchgeschwitzt und habe starke Angstzustände.«

Das beunruhigt meine Ärztin, und sie stellt die Frage der Fragen, die für sie eine Lösung sein kann: »Haben Sie auch Suizidgedanken?«

»Nicht direkt«, sage ich. »Jeder hat doch mal so Gedanken«, was sie aber nicht wirklich zu beruhigen scheint.

»Ich könnte Sie in eine Klinik überweisen, dort wird Ihnen vielleicht besser geholfen.«

»Mit Klinik meinen Sie doch Psychiatrie. Dann habe ich doch vollends einen Stempel weg.«

Sie fragt: »Von wem?«

»Von der Gesellschaft«, sage ich schnell.

»Sie meinen doch mit der Gesellschaft sich selbst, oder? Wer außer Ihnen sollte das verurteilen?«

Ich muss daran denke, wie oft ich von ähnlichen Fällen gehört und die Leute als verrückt oder schwächlich eingestuft habe. Warum sollten andere anders denken?

»Was ist eigentlich der Unterschied zwischen einem Burn-out und einer Depression?«, will ich wissen. »Meine Probleme stehen doch in Verbindung mit meiner Arbeit und meiner beruflichen Überlastung.« Wie ich bereits im Internet gelesen habe, ist Burn-out als medizinische Krankheit nicht wirklich anerkannt, sondern eher ein Modewort.

»Sie können auch Burn-out sagen, wenn das für Sie besser ist und Sie jemand fragt«, meint die Ärztin.

Das beruhigt mich enorm, denn an zu viel Arbeit durchzudrehen, ist in der Gesellschaft besser anerkannt als eine psychische Erkrankung.

Ich frage weiter:»Ist denn alles gleich eine Depression?

Wenn ich im Beruf Angst habe zu versagen, meinen Arbeitsplatz zu verlieren oder jemand fragt, was ich denn hätte, und ich nicht weiß, was ich sagen soll: Sind das nicht normale Ängste? Ich möchte nicht eingewiesen werden, besser wäre ein Psychotherapeut, mit dem ich reden kann. Zu Hause nur rumzusitzen und zu grübeln, löst doch keine Probleme.« Sie sieht meine Verzweiflung, und ich merke, dass Sie mir wirklich helfen will.

»Ich rufe jetzt mal in der Klinik an und frage nach, ob eine ambulante Behandlung möglich ist.« Das hört sich schon deutlich besser an. Sie verlässt den Raum und kommt nach fünf Minuten wieder und meint:»Ich habe mit einem Arzt im Klinikum gesprochen« – ich denke, sie meint einen Psychiater in der Psychiatrie –:»Sie können dort nächste Woche Donnerstag zu einem Gespräch vorbeikommen, und wenn es gar nicht geht, auch früher. Sollte es Ihnen bis dahin besser gehen, können Sie den Termin auch jederzeit wieder absagen.«

Ich bedanke mich bei ihr und bin erleichtert und beruhigt, dass sie mir die Entscheidung überlässt, wie die nächsten Schritte aussehen sollen.

Ach ja, den Reha-Antrag, den ich so mühsam ausgefüllt habe, nimmt sie mit den Worten entgegen:»Super, dass Sie den schon ausgefüllt haben!«, als ob ich das nicht müsste, und sie meint noch:»Ich erledige den Rest und schicke ihn dann weg. Es kann aber dauern, bis Sie Bescheid bekommen. Ich werde in jedem Fall auf die Dringlichkeit hinweisen.«

Mit einer Krankmeldung für die nächsten zwei Wochen und einem Überweisungsschein in die Psychiatrie mache ich mich jetzt fast schon glücklich auf den Heimweg.

Nach so viel Gedankenstress lege ich mich wieder auf die Couch und kuschle mich in meine Decke ein. Was schreibe ich jetzt meinem Chef? Ich tippe einen emotionalen Text in die Tastatur mit dem Hinweis, dass ich an Burn-out erkrankt sei. Hört sich doch ganz gut an. Drücke aber noch nicht auf »Senden«. Meine Frau kommt nach Hause. Ich bitte sie, mein Schreiben gegenzulesen. Sie empfiehlt mir, ein paar emotionale Floskeln zu streichen, was ich auch mache. Dann sende ich es ab.

Es dauert nicht lange, und es kommt eine Rückmeldung. Ich bin beruhigt, was ich lese: »Das tut mir sehr leid für Sie. Ich wünsche Ihnen gute Besserung.« Nicht viel, aber besser als eine Kündigung.

Am Abend koche ich für meine Frau und mich Essen. Ich erzähle ihr noch mal von meinem Tag und sie von ihrem, und wir beide sind froh, dass zumindest Hilfe angeboten wurde. Meine schwere Last fühlt sich in diesem Moment fast schon etwas leichter an, aber auch nur fast.

Tag 11

Samstagmorgen. Ich wache auf, und mein Gedankenkino ist sofort an. Ich schwitze wieder stark.

Das Aufstehen fällt mir heute etwas leichter. Zuerst geht es ins Bad, dann runter in die Küche.

Zu zweit räumen wir die Geschirrspülmaschine aus, dann setzt sich meine Frau auf die Couch und liest die Tageszeitung, was ich normalerweise immer mache. Am Frühstückstisch erzählt mir Konstanze, ihr tue der Hals weh. Blöd halt, denn heute Mittag ist ein lang ausgemachter Termin mit unserem Freundeskreis. Geplant ist eine Führung bei einer Sektkellerei mit anschließender Wanderung auf die Esslinger Burg und gemeinsamem Abendessen. Obwohl das Ganze meine Idee war, werde ich heute nicht dabei sein. Damit zumindest die Karte für die Besichtigung nicht verfällt, wird Sophie für mich einspringen.

Um mich heute schnell besser zu fühlen, gehe ich in den Keller und fahre eine Stunde Rad. Danach warte ich auf das Hochgefühl, das sich heute nicht einstellen will. Eine Kleinigkeit regt mich schon wieder auf. Ich muss noch eine Überweisung an einen Freund tätigen, der die Reservierung für das Stuttgarter Frühlingsfest vorgenommen hat. Alle bis auf mich haben schon elektronisch das Geld überwiesen und per WhatsApp bestätigt, doch ich mache das immer noch in Papierform. »Wie altmodisch!«, denke ich und fühle mich schon wieder abgehängt. Das Ausfüllen fällt mir heute besonders schwer. Ich will keinen Fehler machen, sonst kommt das Geld vielleicht nicht an. Also versuche ich, die Zahlen deutlich zu schreiben, doch je mehr ich das versuche, umso undeutlicher wird das Ganze. Ich verschleiße vier Formulare, bis es einigermaßen passt, und lasse dann meine Frau noch mal gegenlesen.

Sie spürt, dass ich einen inneren Kampf führe, und umarmt mich mit den Worten: »Schatz, ich glaube, du brauchst das gerade.«

Sie hat ja so recht!

Meine Tochter Sophie kommt erst gegen Mittag heim. Sie war gestern mit Maria feiern und hatte dann bei ihrer Schwester in Ulm übernachtet. Der erste Satz von ihr birgt gleich Sprengstoff: »Ich fühle mich heute nicht so gut. Ich bleibe heute Mittag lieber zu Hause und ruhe mich aus.«

Meine Frau wird jetzt nervös, geht es ihr doch auch nicht so gut, und ihre Stimmung ist jetzt echt am Kippen, worauf sie meint:»Immer bleibt alles an mir hängen, und zur Apotheke und Medikamente holen muss ich auch noch.« Sie schaut mich an:»Kannst du nicht wenigstens das Überweisungsformular zur Bank bringen?«

Ich sage jetzt nichts mehr. Jedes Wort wäre zu viel und sicher auch falsch und würde das Fass zum Überlaufen bringen. Missmutig verlässt sie das Haus.

Um die Lage zu entspannen und weil meine Karte für die Sektkellerei immer noch übrig ist, beschließe ich, meinen Freund Joachim anzurufen, der keine mehr bekommen hat. Obwohl es nur noch zwei Stunden bis zum Treffen sind, hat er kurzfristig Zeit und willigt ein. Ich bin froh.

Meine Frau kommt von der Apotheke zurück, und ich erzähle ihr gleich die gute Nachricht:»Ich habe den Joachim angerufen, und stell dir vor, er hat Zeit und springt ein!«

Leider kommt statt einer freudigen Reaktion nur ein kurzes »Gut!« zurück.

Ich bin enttäuscht. Weiß sie denn nicht, wie viel Überwindung es mich gekostet hat, bei ihm anzurufen?

Sie merkt das und meint:»Am liebsten wäre es mir, wenn du mitgehen würdest.«

Ich schaue sie mit Unverständnis an und sage etwas schroff: »Du weißt, dass ich das nicht kann!«, worauf nur ein kurzes »Ich weiß« zurückkommt. Da es jetzt schon ziemlich spät geworden ist, fordere ich sie auf zu gehen.»Du musst jetzt losfahren, sonst wird es zeitlich knapp«, was sie gleich wieder in Stress versetzt. Komplett genervt, macht sie sich auf den Weg.

Ich gehe ins Bad, um heiß zu duschen und mich vom wärmenden Wasser geborgen zu fühlen. Mein Kopf ist nach oben gerichtet, um das Wasser mit dem Mund aufzufangen. Als ich ihn wieder schließen will, spüre ich einen Widerstand wie bei einer klemmenden Tür. Ich werde jetzt leicht panisch und versuche, ihn durch Kaubewegungen und seitliches Hin-und-Herverschieben wieder in Position zu bringen, was mir, untermalt mit Knackgeräuschen, dann auch einigermaßen gelingt. Es ist jetzt nicht das erste Mal, dass ich eine Kiefersperre hatte, ist mir auch schon früher passiert, aber jetzt schon lange nicht mehr. Bei Stress und Anspannung übe ich Druck auf den Kiefer aus, was jetzt wohl auch wieder der Grund dafür ist. Obwohl ich das Phänomen kenne, bin ich verzweifelt. »Muss das jetzt auch noch passieren!«, geht es mir durch den Kopf. Nach dem ich mich abgetrocknet und angezogen habe, überlege ich, was nun zu tun ist. Soll ich ins Krankenhaus oder zumindest zum Notfallarzt gehen? Ich versuche, mich mit Galgenhumor zu beruhigen: »Nächste Woche bin ich doch sowieso in der Klinik, dann kann ich ja beides gleich verbinden. Passt doch irgendwie: psychisch krank und Kiefer ausgehängt. Was für eine tolle Story!« Ich habe noch nicht mal eine Jogginghose fürs Krankenhaus. Meine Frau wollte mit mir eine kaufen gehen. »Das kannst du doch auch alleine«, sage ich mir. Ich will sie nicht schon wieder stressen, und die Zeit drängt. Also fahre ich los, um mir eine zu kaufen, als ob das jetzt das Wichtigste wäre, aber sicher ist sicher. Schnell habe ich eine gefunden, was mich beruhigt, da ich jetzt für die Klinik bestens ausgestattet bin. Auf dem Nachhauseweg halte ich noch am Friedhof und besuche das Grab meiner Eltern. Jetzt kann nur noch Beistand von oben helfen, und ich hoffe, dass sie dort auch sind.

Zurück zu Hause, fange ich an zu kochen. Beim Essen fällt mir das Kauen echt schwer, und ich fange an, mit meinem Kiefer zu experimentieren, bis ich der Meinung bin, dass er wieder einigermaßen sitzt. Hört sich wahrscheinlich echt schräg an, was mein Kiefer letztendlich auch ist. Danach versuche ich, mich abzulenken, und schaue eine Serie mit Christoph Walz. Es geht um einen Chef, der seine Mitarbeiter tyrannisiert und satanische Züge trägt – kommt mir irgendwie bekannt vor und ist fast wie im echten Leben. Alles scheint gerade ein Spiegel meiner selbst zu sein, und ich harre der Dinge, die jetzt noch kommen können, um mich noch weiter nach unten zu ziehen. Mir wird klar, dass das Leben es gerade nicht allzu gut mit mir meint.

Gegen 21:00 Uhr kommt Konstanze heim. Sie ist gut drauf, hatte sie doch einen schönen Nachmittag verbracht und Tolles erlebt. Sie will wissen, wie es bei mir gewesen sei, und ich erzähle ihr von meiner Kiefer-Aushäng-Geschichte. Es wundert sie nicht wirklich, da ich ihn in letzter Zeit immer so komisch verrenkt habe. Das hat sie immer schon genervt und mich zugleich entspannt. Neugierig will ich nun wissen, wie es bei ihr gewesen sei und ob die anderen nach mir gefragt hätten.

»Ich habe ihnen alles erzählt. Dass es dir nicht so gut geht und du zu Hause bist, schließlich will ich sie nicht anlügen.«

»Kann ich verstehen«, sage ich, worauf Konstanze noch meint:»Vielleicht meldet sich jetzt mal jemand bei dir oder schreibt zumindest.«

Doch nichts dergleichen passiert an diesem Abend, was mich echt ein wenig enttäuscht und zugleich auch beruhigt.

Tag 12

Sonntagmorgen. Ich wache auf, mir geht es schlecht, ich fange wieder an zu schwitzen. Meine Gedanken sind gefangen wie in einer Zeitschleife … und täglich grüßt das Murmeltier. Beim Frühstück spreche ich mit Konstanze ganz offen:»Ich weiß nicht, wie lange ich das noch durchhalte. Vielleicht muss ich mich auch selbst in die Klinik einweisen. Mir geht es richtig beschissen, und ich will dir nicht zur Last fallen.«

Sie fängt an zu weinen, damit hatte sie nicht gerechnet.»Du bist mir doch keine Last. Ich bin froh, wenn du da bist. Ich mache mir nur Sorgen, wenn du alleine bist.«

Das mache ich mir, ehrlich gesagt, auch. Wir nehmen uns in den Arm und trösten uns gegenseitig.

Lustlos und unmotiviert schleiche ich auf mein Rückzugsgebiet, die Couch, und überlasse mich dort meinen Gedanken.

Gegen Mittag meint Konstanze:»Lass uns rausgehen, eine Runde spazieren!«

Ich folge der Anweisung und komme mir vor wie ein Hund, der mal raus an die frische Luft muss. Erst fühle ich mich nicht wohl dabei, doch zum Glück ist draußen niemand unterwegs, und je weiter wir vom Haus wegkommen, umso sicherer fühle ich mich. Wir reden über dies und jenes, Belangloses halt.

Doch dann ein Satz, der mich wie ein Pfeil trifft:»Früher warst du nicht so nett zu mir.«

Wie im Film spule ich noch mal rückwärts und überlege, wann ich denn so ein übler Typ gewesen wäre. Die Antwort wird mir dann prompt nachgereicht:»Du warst immer sehr egoistisch, hast auf niemanden Rücksicht genommen. Ich hätte mir mehr Unterstützung von dir erwartet.«

»Kann sein, dass ich egoistisch war«, sage ich, »und ja, ich bin echt viel Rad gefahren, aber auch, weil ich es als Ausgleich für meinen stressigen Job brauchte und ich wusste, dass es mir hilft.«

»Kann ich ja verstehen«, meint sie, »dennoch, bei den einwöchigen Radtouren warst du unterwegs und hattest deinen Spaß, und ich bin zu Hause geblieben und habe auf die Kinder aufgepasst und musste alleine klarkommen.«

Ich widerspreche ihr nicht, wie hätte ich auch können? Es schneit leicht, und es ist fast schon wieder winterlich. Auf meinen Wunsch hin biegen wir ab in einen Feldweg, was ich damit begründe, dass ich den immer schon mal hätte laufen wollen. Ehrlicher wäre gewesen zu sagen: Man trifft dort weniger Leute. Der Weg wird immer matschiger, wir wollen aber nicht umdrehen und beschließen, einfach weiterzulaufen, was auch irgendwie lustig ist. Zu Hause angekommen, putze ich unsere stark verdreckten Schuhe, was meine Frau sichtlich freut. War ja schließlich meine Idee, den Weg zu nehmen. Beim Spaziergang hatten wir ausgemacht, dass ich meinen Bruder anrufen und mit ihm über meine Depression sprechen würde. Dafür wollte Konstanze im Gegenzug unsere Bekannten in Bayern anrufen, die nächstes Wochenende kommen wollten.

Als ich meinen Bruder anrufe, hat der gerade Besuch, und ich möchte nicht stören. »Ich kann auch später noch mal anrufen.«

Er will wissen was los ist: »Erzähl schon, ich nehme mir die Zeit.«

Ich vertraue ihm und weiß, dass er es versteht, hatte er doch vor zehn Jahren das Gleiche durchgemacht. Meine Geschichte gleich zum Großteil der Seinen. Auch er hatte Angstzustände, konnte nachts nicht mehr schlafen, war morgens komplett verschwitzt, ging dann zum Arzt und muss bis heute noch Tabletten nehmen. Ein Arzt würde sagen, unsere Familie sei erblich vorbelastet. Schon blöd, wenn man für die Scheiße nicht mal was kann. Heute spricht er mir Mut zu mit fast den gleichen Worten, wie ich es damals tat. »Warum machst du dir Sorgen? Du hast zwei gesunde, nette Töchter, keine Geldsorgen und ein Haus. Tu dir bloß nichts an! Es wird dir bald wieder besser gehen.«

Ich bin froh, dass wir gesprochen haben, und weiß, dass mein Bruder es ehrlich meint. Der Anruf ist auf einmal weg, Verbindung unterbrochen.

Es klingelt wieder. Ich gehe gleich ran, denke, es ist mein Bruder, aber diesmal ist meine Schwägerin dran. Sie will meine Frau sprechen, doch die ist gerade im Bad. Ich muss Small Talk halten, bin aber nicht in der Stimmung. Sie war Ski fahren, und ich frage nach, wie es denn so gewesen sei.

»Ja, war ganz gut; und dir geht es gerade nicht so gut?«

Ich bin überrascht, wie sie darauf kommt, und antworte schnell: »Bin gerade so in einem Loch« – Loch, wie blöd! –, und korrigiere sofort: »Meine: in einem Tief.« Ich vermute, dass sie bereits mit ihren Eltern gesprochen hat, die meine Geschichte ja kennen. Darum spreche ich sie direkt darauf an: »Hast du schon mit deinen Eltern telefoniert?«, und sie reagiert ausweichend. Das ärgert mich, und da auch sie vor Kurzem ihren Job gewechselt hat, frage ich etwas provokant: »Wie läuft es so in deinem neuen Job?« Von meiner Frau wusste ich, dass auch sie mit dem Jobwechsel zu kämpfen hat und es ihr nicht so leicht fällt.

Da habe ich wohl ihren wunden Punkt getroffen, worauf sie in eine Art Geschäftssprache verfällt und dabei sichtlich unwohl fühlt. Nach ein paar Sätzen macht sie dann Schluss mit den Worten:»War ja auch nicht so wichtig, mein Anruf.«

»Okay«, sage ich.»Ich werde Konstanze ausrichten, dass du angerufen hast«, und lege auf. Das Telefonat lässt mich mit einem schlechten Gefühl zurück. Leider war es uns beiden nicht möglich, über unsere wahren Gefühle zu sprechen, was ich echt bedaure.

Meine Tochter kommt nach Hause und hat Pizza mitgebracht. Gemeinsam essen wir, und sie erzählt von ihrem vermeintlich neuen Freund. Normalität kehrt ins Haus ein.

Nach dem Essen erinnere ich Konstanze daran, dass sie ja noch bei unseren Bekannten in Bayern anrufen wollte, um fürs nächste Wochenende abzusagen, was sie dann auch macht. Ich schaue fern und bin gespannt auf ihre Rückmeldung.

Plötzlich biegt sie um die Ecke streckt mir das Telefon entgegen:»Claas möchte gerne mit dir sprechen, wenn du willst.«

»Mist«, denke ich,»eigentlich will ich nicht«, und sage dennoch:»Ja, klar!«

Sie drückt mir den Hörer in die Hand. Gott sei Dank, ich muss nicht viel sagen, da Claas, ohne Luft zu holen, spricht. Er hat sehr viel Verständnis für meine Situation, hat er doch auch einen Fall in der Verwandtschaft und somit Erfahrung im Umgang mit psychisch Kranken. Ich bedanke mich für seinen Anruf und entschuldige mich noch mal für die Absage.

Bevor er auflegt, meint er noch verständnisvoll:»Denk jetzt nur an dich und werde erst mal wieder gesund.«

Per WhatsApp schreibt mich dann noch mein Freund Franz an, der mich gestern beim Cliquentreffen vermisst hat. »Schade, dass du nicht dabei warst. Wenn es dir besser geht, lass uns mal reden«, was ich ihm dann auch zusage. Mein Geheimnis beginnt nun langsam zu bröckeln, und die Wahrheit kommt ans Licht.

Tag 13

Montagmorgen. Ich schlafe lange. Nach dem Aufwachen fühle ich mich heute nicht ganz so schlecht, was mir im nächsten Moment ein schlechtes Gewissen macht. Meine Familie ist bei der Arbeit, und ich liege hier faul herum. Ich fange wieder an zu schwitzen. Um 10:00 Uhr zwinge ich mich aufzustehen. Ich ziehe im Schlafzimmer den Rollladen hoch und sehe, wie schön die Sonne draußen scheint, was mir ein schlechtes Gefühl beschert, da ich eh nicht rauskann und Regenwetter für meine Stimmung deutlich besser wäre. Als alle Rollläden oben sind, schießt mir sofort in den Kopf, was jetzt wohl die Nachbarn denken mögen: »Da ist doch jemand zu Hause, der jetzt erst aufsteht.« Ich fühle mich unwohl und irgendwie beobachtet und lasse die Läden alle wieder ein Stück nach unten. Es soll mich doch keiner sehen. Ich komme mir vor wie ein Gefangener im eigenen Heim, der wie in einer Sicherheitszelle verwahrt, beobachtet wird.

Nach dem Frühstück lege ich mich wieder auf die Couch, komme aber nicht zur Ruhe und beginne wieder zu schreiben, um mich abzulenken.

Gegen Mittag beschließe ich, in den Keller zu gehen, um Rad zu fahren. Hört sich jetzt einfacher an, als es ist, und kostet mich wieder einiges an Überwindung. Als ich gerade starten will, höre ich oben Sophie zur Tür reinkommen und rufen: »Bist du da, alles klar bei dir? Ich habe dir einen Berliner zum Essen mitgebracht.«

»Ich fahre gerade Rad!«, rufe ich nach oben.

»Finde ich gut«, sagt Sophie.

»Warum bist du heimgekommen?«, frage ich.

»Ich habe nur was vergessen«, antwortet sie »Ich gehe dann wieder, viel Spaß.«

Beim Radfahren im Haus habe ich eine Regel: Ich fahre mindestens eine Stunde, denn weniger lohnt sich nicht. In der Radler-App Zwift fahre ich in einer virtuell heilen Welt, wo alle Avatare irgendwie gleich sind. Danach fühle ich mich erst mal wieder richtig gut. Ich ruhe mich kurz aus und gehe dann gleich duschen. Anschließend nutze ich die erradelte Energie für ein Anschreiben an die AOK. Von meiner Ärztin habe ich ein Rezept für ein digitales Programm für Depressive bekommen und benötige jetzt noch die Einwilligung und den Zugangscode von der Krankenkasse. Ich bin froh, dass mir das Anschreiben relativ schnell gelingt.

Am Nachmittag versuche ich, mich abzulenken, und schaue noch ein paar Filme auf meinem Handy. Dabei fällt mir auf, dass im Wohnzimmer noch ein Wäschekorb mit gewaschener Wäsche steht, die noch zusammengelegt werden muss. Vielleicht hat meine Frau ihn extra für mich hingestellt, dass ich etwas arbeite und nicht faul rumhänge. Ich lege den Stapel zusammen. Danach schaue ich weiter Film.

Während ich schaue, poppt eine Nachricht von meiner Frau auf: »Ich fahre jetzt vom Geschäft aus los.«

Ich folgere daraus, dass es jetzt wohl Zeit sein müsse, etwas zu kochen, damit das Essen fertig ist, wenn sie nach Hause kommt. Ich mache alles wie erwartet.

Als sie zur Tür hereinkommt, begrüßt sie mich mit dem Satz: »Die Working House Mum ist wieder da!«, der mir erst mal wieder zu schaffen macht. Danach werde ich lange umarmt. Genau das brauche ich jetzt und hoffe nur, dass dies nicht die Belohnung für geleistete Hausarbeit ist.

Beim Essen erzähle ich fast schon vorwurfsvoll vom unerwarteten Besuch am Mittag: »Stell dir vor, Sophie ist extra heimgekommen, weil sie was vergessen hatte«, was hin und zurück eine ganz schöne Strecke ist.

Meine Frau schaut mich verwundert an: »Sophie hat mich angeschrieben, dass sie dir was zu essen bringe und nach dir schaue.«

Erst jetzt kapiere ich und schäme mich. Sie hatte also gar nichts vergessen. So weit ist es also schon, dass man nach mir schauen muss.

Tag 14

Dienstagmorgen. Ich wache auf, habe gut geschlafen. Sofort schießen mir wieder schlechte Gedanken in den Kopf. Ich weiß nicht, wie es weitergehen soll, und habe große Ängste. Zurück zur Arbeit mit dem Stigma eines psychisch Kranken? Das geht doch nicht. Ich will mich wieder geborgen fühlen und verschwinde unter der Decke, fange an zu schwitzen. Ich weiß,

dass ich aufstehen muss, um aus der Gefühlsachterbahn aus-
zusteigen. Um 9:45 Uhr ist es so weit: Mit einem Ruck springe
ich raus und reiße gleich die Läden hoch. Gehe in die Küche
und mache mir Frühstück. Fühle mich wieder beobachtet. Nehme meine Pille, die nicht die erhoffte Wirkung zeigt. Denke
bereits an meinen Donnerstagtermin in der Psychiatrie. Wahrscheinlich wird man mich gleich dabehalten, was vielleicht
auch das Beste wäre. Doch was werden dann die Leute sagen?
Besser wäre doch ein kompletter Abgang. Nur so komme ich
hier raus aus der Geschichte. Game over. Ist zwar hart für
meine Familie, aber besser ein Schrecken mit Ende als Schrecken ohne Ende. Ich könnte in Erinnerung bleiben so, wie ich
war. Ein kleiner Social-Media-Held. Ich checke meinen You-
Tube-Kanal. Oh Gott, zwei Abonnenten sind abgesprungen.
Nicht mal das bleibt mir noch.

Da meine Gedanken nun immer mehr abdriften, rede ich auf
mich ein: »Du musst Rad fahren, danach geht es dir immer besser.« Ich habe keine Lust, zwinge mich aber dazu. Entgegen
meiner »Ein-Stunden-Regel« schaffe ich heute nur 45 Minuten.
Als Entschuldigung sehe ich das heute als Experiment an,
sprich: »Wie lange muss ich Rad fahren, um mich besser zu
fühlen?« Ich kann jetzt schon sagen: 45 Minuten reichen nur
für ein leichtes Wohlgefühl.

Noch im Keller auf dem Rad, höre ich meine Frau Konstanze
von der Arbeit kommen. Sie arbeitet Dienstag nur den halben
Tag. Ich bin froh, dass sie da ist. Sie erzählt von ihrem Ge-
schäftsalltag und ich von meiner Stimmungslage. »Heute habe
ich mich total schlecht gefühlt und musste mich zum Aufstehen
zwingen.« Ich bereite sie auch schon mal darauf vor, dass am

Donnerstag wohl auch eine stationäre Behandlung in der Klinik möglich ist. Sie möchte lieber, dass ich zu Hause bleibe, da sie neben ihrem Job nicht auch noch täglich in die Klinik kommen kann. Ich versuche, ihr die Angst zu nehmen, und bitte sie, mich nur dann zu besuchen, wenn es bei ihr zeitlich passt – was sie aber nur wenig beruhigt.

Meine Frau hat mich gestern schon mal vorgewarnt, dass wir heute noch gemeinsam zum Einkaufen gehen. Das Rausgehen fällt mir immer schwerer, vor allem unter der Woche. Immer mehr komme ich mir vor wie ein Gefangener im eigenen Haus. Ich kann mich zwar frei bewegen, aber das kann ein Verurteilter mit Fußfessel doch auch.

Ich lade die Getränkekisten ein, lasse dann aber meine Frau fahren. Wir fahren zu einem weit entfernten Discounter, wo uns im Normalfall keiner kennt. Ich stelle mir die Frage, ob sie das nur mir zuliebe macht oder um sich auch selbst vor unliebsamen Fragen zu schützen. Da wir schon mal draußen sind, gehen wir dann noch zu einem Bäcker einen Latte macchiato trinken. Wie gewohnt checke ich alle Leute im Café ab. Gott sei Dank: Es ist niemand da, der mich kennt. Anschließend holen wir noch zwei halbe Hähnchen, wie wir das meistens dienstags tun. Der Stand ist ganz in der Nähe vom Wohnort – es ist jetzt schon 17:00 Uhr, somit kein Problem, wenn mich jemand sieht. Daheim treffen wir noch Sophie an. Sie setzt sich beim Essen zu uns und erzählt von ihrem neuen Freund – endlich mal ein Thema, das sich nicht um mich dreht.

Tag 15

Mittwochmorgen. Ich wache auf und merke sofort, dass meine Gedanken wieder festgefahren sind. Um kurz vor 10:00 Uhr springe ich wie gewohnt schnell aus dem Bett, damit ich nicht lange überlegen muss. Ich versuche heute, meine Abläufe zu optimieren. Alle Läden hoch, schnell ins Bad und Frühstück machen. Zuerst das Geschäftshandy checken, dann mein eigenes und danach noch private E-Mails abrufen … Beim Mailabrufen stocke ich, meine Arztpraxis hat mich angeschrieben, und die E-Mail ist von gestern. Der Reha-Antrag ist fertig. Wegen Personalmangels soll ich ihn selbst abholen und zur Post bringen. Hört sich fast an wie Beschäftigungstherapie. Käse! Jetzt muss ich auch noch raus. Wie alle anderen Dinge versuche ich auch diese Angelegenheit schnell hinter mich zu bringen. Ich ziehe mich eilig an und mache mich auf den Weg. Der Umschlag liegt in der Praxis bereit zur Abholung. Frankieren und in den Briefkasten schmeißen halte ich für zu unsicher, außerdem weiß ich nicht, wie hoch ich ihn frankieren muss. Also bringe ich ihn zum Postamt. Dort möchte ich auf Nummer sicher gehen und frage die Frau am Schalter, ob es per Einschreiben auf meinen Namen möglich sei, obwohl ja der Absender der Praxis draufsteht. Die Postangestellte ist verwirrt, versteht die Frage nicht, und mir wird klar, dass es eigentlich egal ist, wer der Absender ist. Ich sage schnell: »Ja, einfach per Einschreiben.« Die Frau am Schalter ist froh, dass es nicht komplizierter wird. Ich zahle und verlasse fluchtartig das Postamt. Da ich jetzt schon mal draußen bin, beschließe ich, mit dem Auto zum Breitenstein zu fahren. Ja, richtig, die Albkante, wo man auch runterspringen kann. Meine Frau weiß es ja nicht, also fahre ich dorthin und laufe eine Runde. Der Breitenstein ist einerseits einer meiner Lieblingsorte, und andererseits könnte ich ja wirklich spontan runterspringen, wenn ich es denn wollte, was ich aber nicht mache. Ich beschließe, ein Video für meinen YouTube-Kanal aufzunehmen. Ich erkläre dabei herzzerreißend, dass es mir gerade nicht so gut geht, sage aber nicht, was ich habe und dass es noch dauern kann, bis wieder neues Filmmaterial erscheint. Als ob das jemanden interessiert! In den letzten Tagen haben mich drei Abonnenten entabonniert. Da die Sonne so schön scheint, setzte ich mich auf eine Bank und genieße den Ausblick. Wer weiß, ob ich das morgen noch kann. Dann mache ich mich wieder auf den Heimweg und fühle mich irgendwie erleichtert und zufrieden.

Zu Hause beschließe ich, meine Playlist für die Beerdigung fertigzustellen. Es ist nicht so, als würde ich mich gleich umbringen, aber sollte es schlimmer werden und doch passieren, möchte ich zumindest vorbereitet sein und nichts dem Zufall überlassen. Das hört sich irgendwie krank an, aber das bin ich ja schließlich auch. Die Musikauswahl passt schon mal. Dann mache ich mich dran, mein YouTube-Video zu schneiden. Das vor Kurzem upgedatete Programm hängt sich dabei ständig auf mit der Fehlermeldung, dass meine Grafikkarte wohl nicht kompatibel sei. War ja wieder mal klar, dass es nicht funktioniert. Was klappt dieses Jahr überhaupt noch? Nach langem Hin und Her bekomme ich es irgendwie hin, doch meine Stimmung ist erneut im Keller.

Jetzt noch ein paar Klamotten zusammenpacken, falls ich morgen in der Psychiatrie bleiben muss.

Auch hier will ich lieber auf Nummer sicher gehen.

Tag 16

Donnerstagmorgen. Ich wache früh auf, bin nervös. Heute gehe ich in die Klinik. Doch was kommt dann? Um kurz vor 7:00 Uhr stehe ich auf und mache mich fertig. Meine Frau hat heute frei und ebenfalls einen Arzttermin. Bevor ich das Haus verlasse, meint sie noch: »Blöd, dass ich nicht mitkommen kann. Ich hoffe, du schaffst das auch allein.« Ich lächle und versuche, Optimismus zu verbreiten, was mir nicht wirklich gelingt, und sage so beiläufig: »Ist ja nur ein Gesprächstermin«, wobei der Koffer in meiner Hand etwas anderes aussagt. Um halb neun verabschieden wir uns, meine Frau will noch ins Bad, und ich mache mich auf den Weg.

Auf der Fahrt in die Klinik muss ich unweigerlich an das Lied von Joachim Witt denken. Der goldene Reiter, der hoch hinauswollte und dann komplett abgestürzt ist. Als ob es für diesen einen Moment und im Speziellen für mich geschrieben worden wäre. Da es taghell ist, sehe ich zwar keine Lichter der Stadt, doch am Straßenrand fallen mir Werbeplakate meiner Firma auf. Angebracht, um neue, junge Mitarbeiter zu werben. Ich kann mir ihren Lebenslauf schon förmlich vorstellen. Sie alle träumen von einer großen Karriere und davon, viel Geld zu verdienen, ein teures Auto zu fahren und das neueste iPhone zu besitzen. Und wie das im Leben so ist: Man lernt eine tolle Frau kennen, heiratet und hat Kinder. Wenn man dann genug Geld zusammengespart hat, kauft man sich ein Haus, und ganz unbemerkt schnappt die Schuldenfalle zu, und man ist gefangen.

Dein Leben ist dann fremdbestimmt. Zwänge entstehen, die einem von der Gesellschaft auferlegt werden, und man wird zum Sklaven seiner selbst. Dann gilt es zu funktionieren, doch wehe, es läuft was schief, so, wie es bei mir der Fall ist! Den Druck nicht mehr auszuhalten und sich sein Versagen einzugestehen, ist das Härteste. Und was kommt dann? Endstation Psychiatrie – ich bin also dort angekommen, parke mein Auto, nehme meinen Koffer und gehe hinein.

Am Infostand in der Klinik lasse ich erst mal alle Leute vor. Als alle weg sind, sage ich mit leiser Stimme: »Ich habe einen Gesprächstermin in der Psychiatrie.« Mir ist klar, dass sich das für Außenstehende echt schräg anhören muss. Die Frau am Empfang wirkt nicht wirklich überrascht und schickt mich weiter zur Anmeldung, wo ich eine Nummer ziehen muss. Ich setze mich hin und warte. Nach wenigen Minuten wird die Nummer über einem der drei Zimmer angezeigt. Ich gehe rein, und eine Frau hinter einer Glasscheibe begrüßt mich freundlich. Abgeschirmt in einem Büro, redet es sich schon etwas befreiter.

»Meine Hausärztin hat mir einen Gesprächstermin in der Psychiatrie vermittelt«, beginne ich.

Sogleich werde ich gefragt: »Haben Sie eine Überweisung dabei?«

Ich sage Ja und reiche sie rüber. Schnell beginnt sie, meine Daten aufzunehmen, und ich versuche, mich noch mal zu erklären: »Wie gesagt, ist nur ein Gesprächstermin!«

Das macht hier aber keinen Unterschied, wie die Frau meint: »Sie sind jetzt erst mal stationär erfasst, was bei uns der Standard ist. Ob Sie bleiben oder nicht, spielt dabei keine Rolle.« Sie erklärt mir dann noch kurz den Weg und schickt mich weiter auf Station 13 in die Psychiatrie.

Ich denke noch:»Blöd, 13 ist jetzt nicht gerade meine Glückszahl«, und mir kommen sofort alle möglichen Horrorstreifen in den Sinn.

Am Eingang zum Bereich ist keine Anmeldung, nur eine Liste, wo man sich eintragen kann. Ich gehe durch den langen Korridor, wo mir bereits Patienten entgegenkommen, die keinen Blickkontakt suchen und einen abwesenden Eindruck machen. Am Ende des Ganges ist ein Stationszimmer, dort werde ich bereits von einer Pflegerin in Empfang genommen. Ich stelle mich kurz vor und bringe wieder meinen Standardsatz:»Meine Ärztin hat auf heute einen Gesprächstermin für mich vereinbart.«

Sie schaut mich etwas erstaunt an und ruft dann die leitende Ärztin. Es kommt eine junge, hübsche Frau so um die dreißig, sichtlich im Stress, und sagt nur kurz:»Ich habe heute große Visite, kann leider noch etwas dauern.«

»Kein Problem«, sage ich,»Ich habe ja Zeit und werde hier warten.«

Die Ärztin spricht mit der Pflegerin:»Sie können ihm ja schon mal alles zeigen.«

Das irritiert mich etwas.»Okay«, denke ich,»warum auch nicht?« Dann werde ich herumgeführt. Wir gehen zuerst in den Aufenthaltsraum, wo mehrere Tische und Stühle stehen und wo sich auch eine Küchenzeile befindet. Dann geht es weiter durch einen Korridor, wo sich etwas abgelegen ein kleiner Fernsehraum befindet. Und sogleich ist der Rundgang auch schon beendet, und es geht zurück zum Aufenthaltsraum.

Die Pflegerin zeigt auf den Vollautomaten und meint noch:»Machen Sie es sich hier bequem; und wenn Sie wollen, können Sie auch einen Kaffee trinken.«

»Ist kein Problem«, sage ich.»Ich warte einfach hier«, und

setze mich auf einen Stuhl vor dem Stationszimmer im Korridor.

Einige Patienten laufen monoton den Gang rauf und runter, wirken abwesend. Ich bin mir jetzt echt nicht mehr sicher, ob ich hier wirklich richtig bin.

Nach einer halben Stunde werde ich von einem netten älteren Mann angesprochen: »Sie warten aber schon lange hier.« »Ja«, antworte ich. »Ist fast wie auf der Strafbank.« Gleich wieder denke ich: »Blöd.«

Der Mann kommt zurück und bringt mir eine aktuelle Tageszeitung. Ich bedanke mich freundlich. Jetzt bin ich wenigstens beschäftigt und fange an zu lesen. Die Zeit vergeht jetzt schneller, und nach einer weiteren halben Stunde steht die junge Ärztin wieder vor mir.

»So, ich habe jetzt Zeit, kommen Sie bitte mit.« Mit schnellem Schritt geht sie voraus, und ich versuche, an ihr dranzubleiben, um nicht den Anschluss zu verlieren. Im Besprechungszimmer angekommen, entschuldigt sie sich noch mal: »Sorry, heute ist echt viel los, da ich krank war und jetzt alles aufarbeiten muss.« Sie wirkt verschnupft, erkältet, und irgendwie tut sie mir auch leid, ich weiß ja, wie es ist, wenn man Stress hat und sich nicht gut fühlt. Als sie noch mal getrunken und es sich bequem gemacht hat, fragt sie mich: »Was führt Sie zu uns? Erzählen Sie mal.«

Ich beginne mit meiner Geschichte: »Angefangen hat alles vor acht Jahren. Ich hatte zu der Zeit einiges an Stress und konnte nicht mehr schlafen. Mein Arzt hat mir dann als Schlafmittel Mirtazapin verordnet.«

Sie unterbricht mich: »Ein Antidepressivum, das als Nebeneffekt müde macht.«

Ich nicke und sage: »Ja, genau, ein Antidepressivum, das

ich jetzt schon seit geraumer Zeit einnehme. Ich habe kurz hintereinander zweimal den Job gewechselt, weil ich mir Erleichterung erhofft habe, was leider nicht der Fall war. Der Stress und Druck wurden immer größer. Nachts konnte ich wieder nicht schlafen, hatte Angstzustände und war morgens komplett nass geschwitzt. Irgendwann habe ich es nicht mehr ausgehalten, wusste nicht mehr weiter und bin dann zum Arzt gegangen. Meine Hausärztin hat mich dann rausgenommen, krankgeschrieben und ein weiteres Antidepressivum verordnet. Jetzt bin ich daheim und habe Angst, meinen Job zu verlieren, da ich noch in der Probezeit bin, was ja sicher normal ist. Von meiner Ärztin wurde mir heute dieser Termin vermittelt, und ich hoffe, dass ich hier ambulant behandelt werden kann.«

Die junge Ärztin schnäuzt sich noch mal, trinkt einen Schluck Wasser und sagt dann:»Also, ich glaube, dass wir Ihnen helfen können. Das geht bei uns aber nicht ambulant, sondern nur stationär. Können Sie sich das vorstellen?« Ich überlege lange. Sie fügt hinzu:»Sie können ja erst mal bleiben, sich alles anschauen und jederzeit wieder gehen, ist ja kein Gefängnis hier.«

Meine Gedanken überschlagen sich. Ich hatte zwar damit gerechnet, aber nicht wirklich daran geglaubt. Nach einer langen Pause willige ich schließlich ein. Was bleibt mir auch anderes übrig?»Ich muss aber noch mein Auto umparken, da ich nur für drei Stunden bezahlt habe«, und das hier dauert jetzt sicher länger. Ich merke an ihrer Reaktion, dass das jetzt schon nicht mehr so einfach ist.

»Aus versicherungstechnischen Gründen geht das eigentlich nicht, da wir Sie bereits aufgenommen haben«. Dann lächelt sie etwas und meint:»Aber machen Sie das noch. Sie sind ja auch mit dem Auto hergekommen.«

Ich gehe raus und parke mein Auto in einem Wohngebiet. Da ich jetzt wieder Handyempfang habe, rufe ich zu Hause an. Meine Frau ist noch nicht da, und so spreche ich auf den AB. Zur Sicherheit schreibe ich noch eine Nachricht. Prompt kommt zurück: »Bin gleich bei dir.« Wir treffen uns auf der Station. Mir fällt auf, dass meine Frau heute schlechter aussieht als ich, und das will was heißen. Das Ganze nimmt sie genauso mit. Sie hat nicht wirklich damit gerechnet, dass ich bleiben muss. Eine sehr dünne Frau läuft an uns vorbei. Wir sind uns einig, dass sie sicher unter einer Essstörung leidet. Die Patienten hier machen uns beiden Angst, und wir beschließen, aus der Station in einen vorgelagerten Aufenthaltsbereich rauszugehen. Zwei Polizisten laufen an uns vorbei. Etwas humorvoll sage ich noch: »Die haben bestimmt einen Flüchtigen zurückgebracht«, doch zum Lachen ist uns beiden nicht zumute. Draußen können wir endlich frei sprechen. Eigentlich sind wir uns einig, dass ich hier nicht richtig bin, und dennoch kann ich nicht gleich wieder gehen. Ich merke, dass meine Frau sich hier komplett unwohl fühlt und heimwill. Das kann ich verstehen, mir geht es ja genauso. Als ein Raumpfleger unser Gespräch unterbricht, weil er hier putzen muss, verabschieden wir uns eilig, und ich gehe zurück auf die Station, wo ich von einer Pflegerin mit strengem Blick erwartet werde.

»Ich zeige Ihnen gleich Ihr Zimmer. Zuvor müssen wir noch Ihre Sachen kontrollieren, das ist hier Vorschrift.«

»Okay«, sage ich und öffne meinen Koffer.

»Haben Sie spitze Gegenstände wie eine Schere dabei? Auch Tabletten und Alkohol müssen Sie bei mir abgeben.«

Aus meiner Badetasche hole ich meine Tabletten heraus und gebe sie ihr, worauf sie meint: »Die bekommen Sie zukünftig von uns verabreicht.«

Ich will die Situation noch etwas auflockern und sage: »Mein Deo enthält auch Alkohol«, worauf sie mich mit ernster Miene anschaut und meint: »Sie werden es nicht glauben: Es gab schon Patienten, die das in ihrer Verzweiflung getrunken haben. Bei Ihnen ist das aber okay, und Sie dürfen es behalten.« Gedanklich bezweifle ich den Sinn dieser ganzen Untersuchung, da es sich hier ja um keine geschlossene Abteilung handelt, sodass sich die Patienten jederzeit von außen mit Mordinstrumenten und alkoholischem Nachschub versorgen können.

»So, jetzt zeige ich Ihnen noch Ihr Zimmer.«

Wie in den meisten Kliniken handelt es sich um ein steril wirkendes Dreibettzimmer, wie man es halt so kennt. Ich ziehe meine Jacke aus, packe ein paar Dinge in den mir zugewiesenen Schrank und setze mich auf mein Bett. Ein älterer Mann und Zimmergenosse, der mich nicht zu beachten scheint, sitzt ebenfalls auf seinem Bett und liest Zeitung. Ich stelle mich vor, frage ihn zwei, drei Dinge und merke gleich, dass er nicht reden will. Jetzt fühle ich mich ganz allein. Ich warte, doch nichts passiert.

Ein weiterer Mann kommt ins Zimmer und stellt sich mit Handschlag vor: »Ich bin der Bert und freue mich schon auf gute gemeinsame Gespräche mit dir.« Dann legt er sich auf sein Bett.

Drei Männer in einem Zimmer, und nichts passiert. Ich lege mich jetzt ebenfalls hin und schlafe etwas.

Um 16:00 Uhr werde ich von einer Pflegerin geweckt. »Schlafen Sie? Wir müssen Ihnen noch Blut abnehmen. Kommen Sie bitte mit.«

Etwas benommen folge ich ihr. Ein junger Arzt wartet, der schlecht verständlich spricht. Auf mich wirkt er nicht vertrauensvoll, macht aber seine Sache ganz gut. Nach der Blutabnahme weist mich die Pflegerin kurz und knapp über die Abläufe ein: »Wenn Sie aus der Station rausgehen, tragen Sie sich bitte in die Liste ein. Sind Sie länger als zwei Stunden weg, müssen wir die Polizei rufen und Sie suchen lassen.« Ich bin etwas überrascht, da ich doch freiwillig hier bin. Sie erklärt weiter: »Wir haben eine Morgenrunde und eine Abendrunde mit Anwesenheitspflicht. Wägen Sie bitte ab, was Sie vor den Patienten Privates von sich geben. Am Anfang ist es vielleicht besser, Sie hören nur zu.«

Und ich dachte schon, hier könne man frei über seine Probleme sprechen. Nach der Einweisung gehe ich wieder auf mein Zimmer und warte.

Um 17:25 Uhr ist es dann so weit: Elf Frauen und vier Männer, mich eingeschlossen, sowie eine Pflegerin treffen sich im Aufenthaltsraum. Die Verteilung an den Tischen erfolgt nach Geschlechtern getrennt. Die Männer sitzen zusammen. Das Alter spielt hier keine Rolle. Bei den Frauen sitzen Jung und Alt getrennt. Ein junges Mädchen so um die 18 Jahre fällt mir sofort auf. Sie hat einen riesigen Teddy dabei und kuschelt sich an ihn ran. Bei jedem Einzelnen stelle ich mir die Frage, was der Grund für den Aufenthalt hier sei, im Speziellen bei den beiden jungen Mädchen. Leiden die wirklich alle unter Depression, oder sind hier vielleicht Drogen im Spiel? Eine andere junge Frau ist stark tätowiert, und da habe ich so meine Vorurteile. Bei der abgemagerten Frau ist der Fall ja wohl klar. Die älteren Frauen machen alle einen leicht dementen Eindruck. Vielleicht kommt das auch von den Medikamenten, die sie erhalten. Mir gegenüber sitzt ein junger, kräftiger Mann mit Armverband und wirkt wie betäubt. Eventuell ein Gewalttäter, den man ruhiggestellt hat. Und dann sind da noch meine Zimmergenossen, die ich sicher noch besser kennenlernen werde. Erschrocken über mich selbst und darüber, wie oberflächlich ich doch die Menschen hier beurteile, stelle ich mir selbst die Frage, wie andere mich wohl sehen mögen. Bevor ich mir dies selbst beantworten kann, hat das Schweigen ein Ende. Die Pflegerin fragt in die Runde, ob alle hier seien, und zählt durch. Es kommt mir vor wie in der Schule. Jetzt wird mir klar, was die Pflegerin vorher damit gemeint hat, wenig Privates von sich preiszugeben: Es werden nur Zahlen, Daten und Fakten besprochen. Jeder bekommt die gleichen Fragen gestellt:»Wie geht es Ihnen aktuell?«,»Welche Anwendungen hatten Sie heute?«,»Was haben Sie sonst gemacht?« Und ganz wichtig:»Hat der Arzt die Erlaubnis erteilt, dass Sie am Wochenende rausdürfen?« Es geht jetzt reihum.

Eines der Mädchen meint nur:»Ich fühle mich hier total fehl am Platz.«

Ich würde ihr gerne zustimmen und zurufen:»Du hast ja so recht«, mache ich aber nicht. Als ich dran bin, sage ich etwas eingeschüchtert:»Bin heute neu reingekommen.«

Die Pflegerin gibt mir die Antwort vor:»Es fühlt sich sicher alles noch ungewohnt und komisch an.«

Ich bestätige nur:»Ja, fühlt sich alles komisch an, sehr komisch.«

Am Schluss listet die Pflegerin noch vier Patienten auf, die morgen einen EKT-Termin haben und kein Frühstück bekommen werden, da man dabei nüchtern sein muss. Da keiner nachfragt, was EKT bedeutet, gehe ich davon aus, dass dies wohl allen außer mir bekannt sein müsse. Ich bin froh, als die Runde vorbei ist. Danach gibt es Abendessen. Alle essen zusammen in einem Raum. Es wird kaum gesprochen. Ich bekomme zwei Scheiben Brot mit etwas Wurst und Käse. Ist nicht viel, halt so viel, dass man nicht verhungert. Dann gehe ich zurück auf mein Zimmer und lege mich ins Bett. Wieder passiert nichts. Da ich ja Zeit habe und es mich interessiert, google ich die Abkürzung EKT, die ich heute immer wieder gehört habe. Das Ergebnis, das angezeigt wird, schockiert mich: »EKT bedeutet Elektrokonvulsionstherapie – Schwerstdepressive werden in Narkose mit elektrischem Strom behandelt.« Und ich dachte immer, dass sei nur eine Erfindung aus schlechten Horrorfilmen. Doch jetzt stelle ich mir vor, wie Patienten gegen ihren Willen, ans Bett geschnallt, dieser Therapie unterzogen werden. Ich bin jetzt komplett verängstigt und verkrieche mich unter meiner dünnen Decke, die mich nicht wärmt und auch sonst keinen großen Schutz bietet. Draußen ist es jetzt dunkel, doch was soll ich hier anfangen mit meiner Zeit? Fernsehen mit den anderen will ich nicht.

Mein Zimmergenosse Bert merkt, dass ich mich verängstigt in meine Gedanken vergrabe, und will mich ablenken: »Hast du Lust auf eine Runde Kniffel?«

Da ich nichts anderes vorhabe, willige ich ein. Wir gehen in den Aufenthaltsraum.

Nach ein paar Würfen kommt eine ältere Frau vom Nachbartisch zu uns rüber.»Es ist ziemlich laut!« Ich verstehe zuerst nicht, was sie meint, dann wirft sie uns eine Zeitung hin und wiederholt: »Das Würfeln ist ziemlich laut.«

Wir entschuldigen uns beide, nehmen die Zeitung als Unterlage und würfeln dann leise weiter. Beim Spielen versuchen wir, uns gegenseitig nicht wehzutun. Bei jedem schlechten Wurf sprechen wir uns gegenseitig Mut zu. Das erste Spiel gewinne ich, das zweite Bert. Dann hören wir auf, weil ein Unentschieden doch echt super ist und keiner ein schlechtes Gefühl haben muss.

Danach macht sich Bert bettfertig. Jetzt wird es in meinen Augen richtig crazy. Er schnallt sich eine Atemmaske um und entschuldigt sich im Voraus: »Ich muss die tragen, weil ich ab und zu Atemaussetzer habe. Die kann nachts etwas Geräusche machen.«

»Etwas« ist gut – beim Aufsetzen höre ich laute Atemgeräusche, die mich an Star Wars und Darth Vader erinnern. Ich befürchte jetzt schon, kein Auge zutun zu können. Bert meint nur, die sitze nicht richtig, er bringt sie in Form, und das Atemgeräusch wird deutlich leiser. »Gott sei Dank!«, denke ich.

Ich bekomme dann noch mein Mirtazapin zum Schlafen und lege mich dann ebenfalls hin.

Gegen 22:30 Uhr kommt mein stummer Bettnachbar ins Zimmer. Er hat noch ferngeschaut. Er geht kurz ins Bad, legt sich dann schnell hin und schläft sofort ein. Dann dringen echolotähnliche Schnarchgeräusche zu mir rüber, die ich so noch nie gehört habe. Nach ein paar Minuten wandelt sich der Sound von einem U-Boot auf Tauchstation in ein lautes Sägewerkgeräusch, was auch nicht besser ist. Wie soll ich hier nur schlafen? Das Bett ist hart, hier ist es laut, und das Zimmer scheint nicht wirklich beheizt zu sein. Mich friert! Ich werfe das Kissen über mich, will nichts mehr wissen, nichts mehr mitbekommen. Hier soll ich mich also wohlfühlen? Sorry, das kann ich leider nicht. Dank der Pille schlafe ich dann irgendwann ein.

Tag 17

Freitagmorgen 6:00 Uhr. Von meinem Zimmernachbarn Bert werde ich durch laute Geräusche geweckt. Er wirkt heute Morgen sehr aufgedreht. Geht nach draußen, kommt wieder rein und zieht dann sein komplettes Bett ab und duscht. Gestern hat er mir noch erklärt, dass er unter einer Zwangsvorstellung leide. Es gehe dabei immer um seinen Zählerstand. Er habe Angst, dass er ihn falsch ablesen und er eine fette Rechnung präsentiert bekommen könnte, die ihn dann ruinieren würde. Wie er mir erzählt hat, ist er Abteilungsleiter, hat 25 Personen unter sich und verzweifelt jetzt an seinem Zählerstand. Für einen normal denkenden Menschen nicht nachvollziehbar, für mich aber schon.

Ich habe heute gut geschlafen, bin nicht verschwitzt, fühle mich in der Psychiatrie aber unwohl. Das Einzige, was ich als positiv empfinde: dass ich nicht mehr ans Geschäft denken muss, sondern nur noch an die Psychiatrie, was mir fast noch mehr Sorgen bereitet.

Auf meinem Handy eine Nachricht. Der Mann meines Patenkindes hat mich angeschrieben, ob ich zwei Karten für das Bundesligaspiel Bayern gegen Augsburg abkaufen wolle. Eigentlich echt nett, doch was soll ich zurückschreiben: »Geht leider nicht, bin gerade in der Psychiatrie«? Nach langem Überlegen schreibe ich mal wieder kurz: »Kann leider nicht«, bedanke mich freundlich und bin froh, dass mein Bruder ihm noch nichts erzählt hat. Eine weitere Nachricht von meiner Tochter Sophie wird angezeigt. Sie möchte in der Mittagspause vorbeikommen. Würde mich natürlich freuen, blöd nur, dass in der Mittagspause auch Mittagessenszeit ist, die alle gemeinsam verbringen, und danach habe ich auch noch einen PMR-Termin. Ich vertröste sie auf morgen, da am Wochenende hier eh nichts los ist. Das ist für sie natürlich auch okay. Mir wird jetzt erst klar, dass einen die Klinik nicht wirklich vor dem Alltag schützen kann und man sich ebenso damit auseinandersetzen muss.

Um 7:25 Uhr findet der Morgenkreis statt. Warum die Uhrzeit so gewählt wurde und nicht um 7:30 Uhr, bleibt mir ein Rätsel. Jeder muss erzählen, wie die Nacht war und welche Termine heute anstehen. Zwei konnten nicht schlafen und haben die Nacht im Aufenthaltsraum verbracht.

Bert erzählt, dass es ihm gerade sehr schlecht gehe, was man auch deutlich sehen kann. Mir selbst geht es gut, ich fühle mich aber schlecht, weil es anderen noch viel schlechter geht. Als ich an der Reihe bin, sage ich nur: »Geht so – habe heute Morgen Frühsport und um 14:15 Uhr so was wie Autogenes Training.«

Ich werde schnell korrigiert: »Sie haben PMR – Progressive Muskelentspannung.«

»Okay«, denke ich, »ist sicher so was Ähnliches wie autogenes Training.«

Um 7:45 Uhr frühstücken alle zusammen. Jedes Tablett ist mit Namen beschriftet für eventuelle Extrawünsche. Im Raum wird kaum gesprochen. Eine ältere freundliche Frau sitzt mir gegenüber und fragt mich, wie ich denn die erste Nacht im fremden Bett geschlafen hätte. Ich sage so was wie: »Nicht ganz so gut.«

Um 8:20 Uhr bekomme ich mein Medikament, danach geht's zum Frühsport mit einem Herrn Reinschlüssel. Er soll mich mitnehmen, da ich den Weg nicht kenne. Er macht das nur sehr ungern, wie ich gleich merke. So rennt er vornedraus, und ich muss mit schnellem Schritt folgen. Im Keller ist ein Physio-Gymnastikraum. Außer uns beiden ist noch keiner da. Ich versuche, die Zeit mit einem Gespräch zu überbrücken, und frage, warum er hier sei.

Sehr strukturiert erzählt er mir seine Geschichte. Er sei Entwicklungsingenieur und leide schon seit Jahren an Depressionen. Ein Satz bleibt bei mir hängen:»Ich bin froh, hier zu sein. Hier kann ich so sein, wie ich bin, und muss mich nicht mehr verstellen, was ich jahrelang gemacht habe. Zuerst war ich skeptisch, ob mir hier wirklich geholfen werde. Ich sah kein Ziel und auch keinen Sinn darin. Als ich mich aber darauf eingelassen habe, ging es mir deutlich besser.«

Er hat recht: Man muss sich bewusst für einen Klinikaufenthalt entscheiden, sonst wird das Ganze nichts.

Die Physiotherapeutin trudelt jetzt verspätet ein.»Ah, Herr Reinschlüssel, sehr schön, Sie sind wieder da; und haben noch jemanden mitgebracht. Ich habe Sie schon vermisst.« Sie meint natürlich Herrn Reinschlüssel.

Er erwidert:»Ja, war zwei Wochen in Isolation.«

Mir ist nicht klar, was Isolation bedeutet, und ich stelle mir darunter gleich das Schlimmste vor.

Nach 30 Minuten schwierigster Kraft- und Dehnübungen bin ich komplett kaputt und erledigt. Kein Wunder, dass außer uns keiner da ist. Ein sportlicher Typ wie ich kommt außer Puste, was ja wohl auch Sinn der Sache ist. Zurück im Zimmer, bin ich wieder allein. Was nun? Ich warte. Nichts passiert. Bert ist noch bei der Physio und Andreas beim EKT. Nach einer Stunde wird mein stiller und nachts lautstark schnarchender Bettnachbar wieder hereingerollt. Von der Narkose ist er zuerst noch etwas benommen. Nach einer Stunde ist er wieder fit und will gleich duschen. Nach der Behandlung scheint er jetzt aktiver zu sein. Auch Bert kommt wieder zurück, ihm geht es immer noch schlecht. »Scheiße, scheiße, der blöde Kopf!«, höre ich nur. Er versucht, dagegen anzukämpfen und sich zu beruhigen, was ihm letztendlich nur gelingt, als ihm die Pflegerin Medikamente verabreicht.

Ich sitze, warte, halte es nicht mehr aus. Die Situation hier belastet mich komplett. Zum wiederholten Male bitte ich eine Pflegerin darum, einen Arzt zu sprechen, doch es kommt mir so vor, als ob man mich nicht ernst nähme. Die Pflegerin beruhigt mich mit den Worten: »Das haben wir schon notiert. Sie können in Kürze zu ihr rein. Bitte warten Sie noch im Zimmer oder auf dem Gang.« Ich laufe auf und ab, wie es die meisten Patienten tun … Mir wird jetzt erst klar, warum.

Es ist jetzt 11:30 Uhr, und sie bittet mich in ihr Büro. Es ist die junge Ärztin von gestern. Etwas erstaunt über mein Gesprächsanliegen und den Grund schon ahnend, schaut sie mich besorgt an und fragt: »Wie geht es Ihnen heute, haben Sie sich schon etwas eingelebt?«

Ich antworte mit den Worten meiner Mitpatientin: »Ich fühle mich hier fehl am Platz. Ich muss jetzt nicht mehr an die Arbeit denken, sondern nur noch an die Psychiatrie, die mir Angst macht«, und ich frage wieder: »Ist es nicht möglich, dass ich nach Hause kann und nur zu den Terminen wieder herkomme?«

»Nein das geht nicht. Hier wird nur ganzheitlich, also stationär, behandelt.« Sie erklärt: »Antriebslose Patienten bekommen eine Struktur auferlegt, damit sie nach drei bis fünf Wochen wieder entlassen und in den Alltag rückgeführt werden können. Es gibt aber auch ambulante Kliniken.« Sie dreht sich um, greift in die Schublade und drückt mir ein paar Flyer in die Hand.»Da müssen Sie aber selber anrufen. Die Ärzte wollen das so.«

Meine Erfahrung sagt leider etwas anderes: Die Plätze sind komplett ausgebucht, und ohne Empfehlung von einem Arzt bekommt man nur schwer einen Platz.

Ich sage:»Mir ist es wichtig, über meine Probleme zu sprechen, und jetzt sitze ich hier nur herum und warte den ganzen Tag. Ich dachte, man bekommt hier tägliche Gesprächstermine.«

Sie klärt mich auf:»Jeder Patient hat zweimal 25 Minuten Gesprächstermine pro Woche. Mehr geht leider nicht. Draußen bekommen Sie vielleicht einen Termin pro Woche.«

Das ist mir zu wenig, und mir wird jetzt erst klar, dass meine Erwartungshaltung wohl falsch war.»So, wie ich das sehe, ist Samstag und Sonntag kein Programm, und ich kann nicht raus, mir fällt hier die Decke auf den Kopf.«

»Sie können doch raus«, sagt sie.

»Ja, aber nur im Bereich vom Krankenhaus«, entgegne ich ihr.

Sie erläutert mir jetzt, warum:»Wir können Sie am ersten Wochenende nicht gleich nach Hause schicken, sonst wird die Krankenkasse stutzig.«

»Alles klar«, denke ich,»es geht ums Geld.«

»Ich kann Sie ja ein paar Stunden nach Hause schicken«, sagt sie.

»Das ist mir zu wenig, ich möchte wieder gehen.«

Sie reagiert verständnisvoll.»Es hält Sie doch niemand fest. Natürlich können Sie jederzeit gehen, aber das ist Ihre Entscheidung. Überlegen Sie sich das bitte sorgfältig, und geben Sie mir bitte bis spätestens 16:00 Uhr Bescheid.«

Sie hat jetzt keine Zeit mehr, und ich gehe zurück aufs Zimmer.

Mein Gehirn arbeitet nun auf Hochtouren. Bleiben oder gehen? Was ist der richtige Weg? Gerne würde ich meine Frau dazu befragen, aber sie ist noch im Geschäft.

Immer wieder gehe ich das Gespräch im Kopf durch, wäge Für und Wider ab, nehme dann den Flyer und beschließe, bei einer der genannten Tageskliniken anzurufen. Nach mehrmaligem Probieren komme ich durch. Die Verbindung ist schlecht und bricht zweimal ab. Beim kurzen Telefonat bleibt nur hängen, dass eine Wartezeit von vier bis fünf Wochen die Regel ist. Ich schreibe meine Frau an, wann sie Zeit zum Telefonieren hat. Sie will mich um 14:00 Uhr zurückrufen. Ich bin jetzt innerlich total aufgewühlt. Wie soll ich mich entscheiden? In meiner Not bitte ich das Universum um ein Zeichen – »Bitte, bitte sag mir, was ich tun soll!« –, und tatsächlich, es passiert. Eine Nachricht auf meinem Handy. Meine Frau schreibt: »Ich bin da, wo bist du?« Ich sehe sie draußen stehen und laufe ihr schnell entgegen. Sie hatte auf dem Heimweg beschlossen, direkt vorbeizukommen. Ich freue mich, dass sie da ist, und überfalle sie förmlich mit meiner Geschichte. Sie wirkt reserviert. Ich sehe Zweifel und verzweifle. Ich bin jetzt komplett im Zwiespalt. Habe ich doch um 14:15 Uhr den PMR-Termin. Ich merke, dass ich meine Frau mit der Situation überfordere. Zudem hat sie Hunger, und das ist immer schlecht. »Kannst du bitte warten?«, sage ich. »Geh doch bitte in die Cafeteria etwas essen, und in einer halben Stunde komme ich wieder raus, und wir reden noch mal.« Ich bin froh, dass sie bleibt.

Die halbe Stunde progressive Muskelentspannung entspannt mich zwar etwas; dennoch bin ich froh, als es vorbei ist. Ich gehe wieder raus in die Cafeteria. Meine Frau hat gegessen und ist ebenfalls entspannter. Wir reden ganz ruhig. »Ich fühle mich hier nicht wohl, das hier ist ein Auffangbecken für alle möglichen psychischen Erkrankungen. Hier gibt es auch Schwerstkranke, die unter Schizophrenie leiden. So bin ich nicht, und es ist mir hier zu wenig Programm, und am Wochenende passiert gar nichts.«

Fast schon erleichtert schaut sie mich an. »Ich wollte nie, dass du hierherkommst, und ich finde, dass es ein Fehler war zu bleiben.«

Endlich spricht es jemand deutlich aus, und ich sehe es genauso. Mir wird klar: Auch wenn ich hier fünf Wochen bleibe, sind meine Probleme nicht gelöst. Ich muss mein Leben wieder selbst in die Hand nehmen, so schwer es mir auch fällt, und nicht anderen das Kommando überlassen. Ich atme noch mal tief durch und sage dann: »Kommst du bitte mit rein und hilfst mir beim Auschecken?« Natürlich hilft sie mir, und es wird schnell klar, dass es nicht so einfach werden wird. Ich spreche mit der Stationsschwester: »Ich fühle mich hier nicht wohl und möchte wieder gehen.« Sie versucht mich vom Gegenteil zu überzeugen. Ich gebe nicht nach: »Die Ärztin hat mir die Entscheidung überlassen, und ich möchte wieder gehen.«

»Gut, wenn Sie das so beschlossen haben. Ich muss vorher aber Rücksprache halten.«

»Okay«, sage ich, »ich packe schon mal.«

Auf dem Weg zum Zimmer begegnet mir Bert. Ich spreche kurz mit ihm, und er wirkt enttäuscht, macht mir aber zugleich auch Mut: »Du musst wissen, was für dich der beste Weg ist.«

Ja, das weiß ich jetzt. Schnell packe ich zusammen, und wir verabschieden uns freundschaftlich.

Eine zweite Schwester kommt hinzu und ist erstaunt. »Sie wollen gehen? Haben Sie bereits mit der Ärztin gesprochen?«

Ich merke, sie glaubt mir nicht. Depressive können ja auch

lügen. Nachdem beide Pflegerinnen miteinander geredet haben, lassen sie mich mit mahnenden Worten ziehen:»Was Sie suchen, werden Sie nicht finden. Hier hätten Sie mal abschalten können. Trotzdem alles Gute für Sie, und hoffentlich sehen wir uns nicht wieder.«

Meine Frau und ich gehen schnell nach draußen. Die Sonne scheint, ich fühle mich frei und atme tief durch.»Bloß schnell weg hier!«, sage ich.

Meine Frau stimmt mir durch schnelles Laufen zu.

Zu Hause angekommen, setze ich mich auf meinen Lieblingsplatz, die Couch, und bin froh, daheim zu sein. Heute ist echt viel passiert, und ich muss das erst mal verdauen. Ein paar Minuten später kommt meine Tochter Sophie nach Hause. Sie weiß noch nichts.

Ich rufe ihr entgegen:»Hoi, Sophie, bin wieder da.«

Sie ist sichtlich erstaunt und fragt kurz zurück:»Was machst du hier?«

In der Frage merke ich eine gewisse Enttäuschung und dass sie meine Entscheidung nicht nachvollziehen kann. Ich versuche, mich noch kurz zu erklären. Sie ist aber in Eile, da sie noch Kinderturnen gibt. Meine Frau ruft ihr noch nach:»Ich bin froh, dass Papa wieder da ist.« Es folgt keine Rückmeldung. Meine Euphorie verkehrt sich in ein schlechtes Gefühl … War es wirklich die richtige Entscheidung? Meine Tochter sieht das anscheinend anders.

Nachdem sich meine innere Aufregung etwas gelegt hat, rufe ich noch meinen Bruder an, da er bereits von meiner Frau über den Klinikaufenthalt informiert wurde. Ich habe etwas Angst, dass er meine Entscheidung kritisieren werde, bin dann aber froh, als er mir zustimmt: »Du schaffst das auch so, Bruder, und wenn es dir morgen früh wieder schlecht geht, mach was, geh raus, spazieren, oder lenke dich mit Sudoku ab.« So hat er das immer gemacht, als es ihm schlecht ging. Ich vertraue meinem Bruder, weil er weiß, wovon er spricht.

Am Abend bin ich so froh, dass ich wieder zu Hause bin, und meine Frau ist es auch.

Tag 18

Samstagmorgen. Ich wache auf, bin zu Hause, habe gut geschlafen, bin nicht verschwitzt. Mein Gedankenkino setzt wieder ein. Habe ich mich gestern richtig entschieden?

Ich will nicht mehr weiterdenken, meine Frau merkt das und kuschelt sich an mich ran.

Dann steht sie auf, geht ins Bad. Ich schwinge mich ebenfalls aus dem Bett, hole die Tageszeitung und lege mich erst mal wieder hin, um zu lesen. Danach stehe ich auf, gehe in die Küche und mache Frühstück.

Beim Frühstück reden wir noch mal über den gestrigen Tag, der uns jetzt schon wie ein Albtraum vorkommt. Obwohl meine Stimmung wieder etwas gedrückter ist, sind wir beide der Meinung, dass es gestern die richtige Entscheidung gewesen sei, die Klinik zu verlassen.

Wir reden über meine Schwiegereltern und im Speziellen über meinen Schwiegervater. Er war gestern Nachmittag da und hat Holz gebracht, so, wie er es jedes Jahr macht. Wir waren da, haben es aber nicht gemerkt.

Meine Frau ist enttäuscht:»Er hätte doch klingeln können und fragen, wie es dir geht. Warum macht er das nicht?«

Ich nehme ihn in Schutz:»Für ihn ist eine Depression keine Krankheit, wo man zu Hause bleibt. Hätte ich ein körperliches Gebrechen, wäre das sicher anders. Ich glaube, er weiß damit nicht umzugehen.«

Meine Frau lässt die Entschuldigung nicht gelten und fährt fort:»Normalerweise meldet sich doch der Gesunde beim Kranken und nicht der Kranke beim Gesunden.«

Ich gebe ihr natürlich recht.

Gegen Mittag kommt meine Tochter Maria von Ulm. Sie begrüßt mich so wie immer, nicht überschwänglich, halt ganz normal. Nachdem sie ihre Sachen verstaut hat, setzt sie sich zu mir. Irgendwie habe ich das Gefühl, dass ich mich rechtfertigen müsse, warum ich nicht in der Klinik geblieben sei. Ich erzähle von meiner Erwartungshaltung, die ich hatte, und davon, wie schnell ich dort zum stationären Patienten wurde. Von den Patienten mit ihren unterschiedlichen Krankheiten und von den Behandlungsmethoden wie zum Beispiel der EKT, die mir am meisten Angst gemacht hat.

»Ist ja wie im Horrorfilm oder Psychothriller«, meint sie.

Ich gebe ihr recht, und wir machen noch ein paar Scherze darüber, wobei mir nicht zum Lachen ist.

Sie sagt:»Ich verstehe, dass du wieder gegangen bist, ich wäre auch nicht geblieben.«

Ich bin erleichtert, dass sie mich versteht und das genauso sieht.

Am Nachmittag gehen meine Frau Konstanze und meine Töchter shoppen in die Stadt.»Kommst du mit?«, werde ich gefragt.

»Nein, ich fahre lieber noch eine Runde Rad im Keller«, was natürlich sofort auf Akzeptanz stößt. Nach einer Stunde Radfahren geht es mir viel besser. Ich dusche noch schnell und fange dann wieder an zu schreiben. Die letzten beiden Tage in der Psychiatrie habe ich auf einem Block niedergekritzelt, hatte ja keinen Laptop dabei. Das Nachtragen in elektronische Form nimmt einiges an Zeit in Anspruch, da ich meine Schrift kaum lesen kann, aber es lenkt mich ab und beschäftigt mich.

Am Abend kochen Konstanze und Maria ein veganes Tortillagericht oder so was Ähnliches. Sophie wollte eigentlich auch kommen, ist jetzt aber doch bei ihrem Freund geblieben. Nach dem Essen schauen wir dann zu dritt eine Horrorkomödie auf Netflix an. Ich fühle mich zurückversetzt in glückliche Tage, was mich wiederum glücklich macht.

Tag 19

Sonntagmorgen 8:30 Uhr. Ich wache auf, bin nur mit einer leichten Decke zugedeckt. Meine Frau hatte sie mir gestern übergeworfen, weil ich auf der Überdecke eingeschlafen bin.

Bin nicht verschwitzt, mache mir aber wieder Gedanken. Konstanze streichelt mir über den Kopf. Das beruhigt mich. Um 9:30 Uhr, als wir aufstehen, klingelt zeitgleich das Telefon.

Meine Frau eilt hinunter, sieht noch die Nummer, geht aber nicht ran. »Es ist dein Bruder!«

Ich mache mich kurz frisch und rufe zurück.

Mein Bruder fragt: »Hast du Lust spazieren zu gehen?«

Ich freue mich, dass er an mich denkt, sage aber ab: »Heute

ist Maria da, nächste Woche wäre mir lieber. Aber da musst du sicher arbeiten.

Er lacht und meint: »Ja, da muss ich arbeiten, aber das mit heute ist kein Problem. Wenn Maria da ist, bist du ja beschäftigt.«

Ich bedanke mich noch mal für seinen Anruf und dafür, dass er an mich gedacht hat, und lege auf.

Konstanze hat schon den Frühstückstisch gedeckt, und ich mache Feuer. Es ist sehr gemütlich. Ich will wieder über die Psychiatrie reden, meine Frau blockt aber ab. »Du hast bereits alles erzählt, und bei einem Teil war ich auch mit dabei.«

Ich gebe ihr recht und höre auf. Als wir mit Frühstücken fertig sind, kommt Maria hinzu. Sie ist gerade erst aufgestanden und will wissen, wo Sophie sei.

»Sie ist wohl noch bei ihrem Freund«, sage ich. Schade, auf ein Frühstück mit der ganzen Familie hätten wir uns alle gefreut. Maria und meine Frau gehen dann joggen, aber nicht gemeinsam, sondern getrennt.

Ich lenke mich ab, fange wieder an zu schreiben und schaue nebenher fern, bekomme aber nichts mit. Nachdem Maria und Konstanze vom Joggen zurück sind, bin auch ich motiviert, noch eine Runde zu laufen. Heute macht es mir nichts aus, rauszugehen und gesehen zu werden, ist ja schließlich Sonntag. Nachdem ich meine Hausrunde absolviert habe, bin ich ausgepowert, fühle ich mich wieder richtig gut und gehe gleich duschen. Heute wollen wir gemeinsam essen gehen. Meine Töchter haben meiner Frau und mir zu Weihnachten einen Gutschein geschenkt, den wir heute einlösen wollen. Sophie fährt direkt von ihrem Freund aus, und wir treffen uns am Gasthof. Jetzt klappt es also doch noch: Wir gehen alle vier gemeinsam essen, und es ist fast so wie früher. Könnte es doch immer so sein, doch morgen ist wieder alles anders.

Am Abend telefoniert meine Frau noch mit ihrer Freundin Maja – sie ist Psychologin. Ja, richtig Psychologin und blind. Ich hab meine Frau bereits gefragt, ob es nicht möglich wäre, dass sie mich behandelt. Das möchte aber meine Frau nicht, da sie ja eine enge Freundin von ihr ist.

Ich habe dennoch gebeten, sie zu fragen, ob sie zumindest einen Psychologen wisse, der mir helfen könne. Nach dem einstündigen Gespräch bin ich gespannt und frage nach.

Meine Frau erzählt:»Die Maja hat gemeint, dass sie das nicht machen kann, da wir uns ja kennen und sie somit befangen wäre. Sie findet es aber richtig, dass du nicht in der Klinik geblieben bist, da hier meist nur schwere Fälle, die auch keinen Tagesablauf mehr kennen, behandelt werden. Sie rät dir zu einer psychosomatischen Psychotherapie. Da gibt es eine sehr gute Klinik am Chiemsee für Burn-out-Kranke.«

»Super«, denke ich,»die will mir nur nicht helfen, und das mit dem Chiemsee ist doch auch nur so dahingesagt. Außerdem hatte sie meine Radfahrleidenschaft und Filme, die ich darüber mache, als Teil meiner Erkrankung bezeichnet, da Depressive gerne Aufmerksamkeit und Bestätigung suchen würden. Was für ein Quatsch«, denke ich nur,»dann wären ja alle Influencer irgendwie krank!«

Meine Frau erzählt weiter:»Wir haben ausgemacht, dass ich sie am Sonntag besuche, und du bist gerne dazu eingeladen. Aber über deine Depression wollen wir dann besser nicht sprechen.«

Ich frage nach:»Und worüber sollen wir dann reden, das Wetter vielleicht?«

Konstanze meint noch scherzhaft:»Über Musik, Soziales oder Politik wäre doch ganz gut.« Wenn dass die Voraussetzung ist, bin ich mir nicht so sicher, ob ich da unbedingt dabei sein will.

Tag 20

Montagmorgen. Ich öffne kurz die Augen, meine Frau verabschiedet sich, geht zur Arbeit, und ich schlafe wieder ein. Gegen 8:00 Uhr bin ich halbwach und wieder in meinem Gedankenkäfig gefangen. Ich verstecke mich unter der Decke und schwitze. Es geht wieder um die Arbeit und Ängste vor sozialem Abstieg. Um 9:00 Uhr zwinge ich mich aufzustehen. Heute habe ich mir vorgenommen zu telefonieren. Zuvor noch frühstücken und Pille einwerfen, dann lege ich los.

Von der Ärztin im Krankenhaus wurden mir zwei ambulante Kliniken empfohlen, die ich als Erstes anrufe. Die erste ist bereits voll, es gibt auch keine Warteliste. Ich soll es noch mal Ende März, also in drei Wochen, probieren.»Spitze« denke ich, »das sagen die sicher jedem, und wer dann zuerst kommt, mahlt zuerst.« Bei der zweiten ambulanten Tagesklinik hebt eine nette Sekretärin ab. Sie fragt nach dem Krankenverlauf und nimmt meine Kontaktdaten auf, fügt aber gleich hinzu, dass ein Rückruf von einem Arzt sicherlich vier bis fünf Wochen dauern könne und es sich hier um keine schnelle Sache handele. Anschließend rufe ich bei meiner Krankenkasse an, die mir laut meiner Hausärztin bei der Suche nach einem Psychotherapeuten helfen kann. Ich bekomme aber nur die Auskunft, dass ich im Internet unter der Kassenärztlichen Vereinigung www.KVBAWUE.de selber einen suchen solle, was ich dann auch mache. Es werden mir bei meinem Wohnort acht Treffer angezeigt, die ich alle abtelefoniere. Bei den meisten ist nur eine Bandansage dran, die darauf hinweist, dass aktuell keine Plätze frei seien. Einen einzigen Therapeuten erreiche ich dann nach fünfmaligem Probieren persönlich. Er setzt mich auf seine Warteliste und fügt gleich hinzu, dass es noch sechs Monate dauern könne, bis etwas frei werde. Ich bedanke mich und lege auf.

Von der Ärztin im Krankenhaus habe ich drei Links für Stuttgarter Kliniken erhalten, wobei zwei ambulante Hilfe anbieten und eine beratend ist. Am Montagmorgen ist leider kein Zuständiger erreichbar, weswegen ich das Ganze auf morgen vertage. Erschöpft und gefrustet, gebe ich mich für heute geschlagen, und mir wird klar, dass schnelle Hilfe nicht zu erwarten ist. Ich finde es schlimm, dass es wohl nicht genügend Plätze gibt, um akut Kranken helfen zu können. Letztendlich bleibt den meisten nur der Gang in eine stationäre psychiatrische Klinik, was ich für mich ja schon ausgeschlossen habe. Ich lege mich wieder auf die Couch, bin erschöpft und ruhe mich aus. Danach muss ich erst mal wieder schreiben.

Mittags geht es mir immer etwas besser, und da ich schon länger keinen Film mehr auf meiner YouTube-Plattform hochgeladen habe, bin ich heute motiviert, einen aufzunehmen.

Ein Thema, das mir schon lange vorschwebt. Es soll dabei nicht um mich gehen. Na ja, irgendwie vielleicht schon. Hauptperson ist dabei Gustav Mesmer. Ein Mensch, mit dem ich mich im Geiste verbunden fühle. Man nannte ihn auch spöttisch den »Ikarus vom Lautertal«. Zeit seines Lebens träumte er vom Fliegen. 35 Jahre seines Lebens verbrachte er in einer Irrenanstalt, wo er anfing, Zeichnungen von Flugfahrrädern zu entwerfen, die er dann später nach seiner Entlassung zu bauen anfing. Was mich an ihm faszinierte: Er hatte einen Traum und diesen allen Widrigkeiten zum Trotz gelebt. Wie mutig das zur damaligen Zeit wohl gewesen sein muss! Auch ich hätte mir gerne meine Träume erfüllt, ich wollte immer schon Filmemacher werden. Da meine Familie aber nicht gerade reich war, stand Geldverdienen im Vordergrund. Mit Aufkommen des Internets war es mir dann doch noch möglich, meinen Traum zumindest im Kleinen zu leben, und ich freue mich, wenn ich positive Reaktionen auf meine YouTube-Filme erhalte.

Die Zeit vergeht nun wie im Flug, meine Tochter kommt von der Arbeit nach Hause, was ich kaum bemerke, weil ich so in meinen Film vertieft bin. Ich muss mich förmlich zu einer kurzen Pause zwingen und checke mal wieder meine Nachrichten. Meine Frau hat mir geschrieben, dass sie von der Arbeit losfahre und in 30 Minuten da sein werde. Darum fange ich an zu kochen. Als sie heimkommt, begrüßt sie mich freudig. Ich merke: Ihr steckt der Schreck mit der Psychiatrie noch in den Knochen, und sie ist froh, dass ich zu Hause bin und nicht in der Klinik.

Nach dem Abendessen zeige ich ihr eine Vorabversion meines Films und bin gespannt auf ihre Reaktion. Ich merke, dass sie nicht komplett begeistert ist; schließlich geht es ja hier um einen vermeintlich Irren, der in der Psychiatrie gelandet ist.

Tag 21

Dienstagmorgen 7:15 Uhr. Ich wache auf und höre meine Frau im Bad.

Sie kommt noch mal kurz rein, um sich von mir zu verabschieden, und geht dann zur Arbeit.

Ich bleibe liegen und versuche, noch mal kurz zu schlafen. Meine Gedanken fangen wieder an zu kreisen. Ich ziehe die Decke über den Kopf, um alles Schlechte von mir fernzuhalten, was mir nicht gelingt. Ich fange wieder an zu schwitzen. Heute möchte ich das nicht kampflos hinnehmen, bin etwas motivierter und will früher aufstehen. Um 8:45 Uhr schwinge ich mich wie gewohnt schnell aus dem Bett, reiße mir das halb nasse T-Shirt vom Leib, gehe ins Bad und mache anschließend Frühstück. Dann setze ich mich wie gewohnt auf die Couch und fange an zu schreiben. Die Tage zuvor lese ich immer wieder quer und merke, wie konfus es teilweise geschrieben ist. Die Korrektur der Texte kostet mich jetzt mehr Zeit, als Neues zu schreiben. Doch egal, wie grammatikalisch unperfekt die Tage zuvor auch waren, ich kann mich in jeden einzelnen hineinversetzen.

Gegen Mittag beschließe ich, im Keller eine Runde Rad zu fahren. Es tut mir gut, und ich fühle mich gut, danach geht es mir immer besser. Es kommt mir vor, als ob sich das Serotonin vom Radfahren und der Wunderpille aufaddieren würden und ich mich in höhere Sphären katapultieren könnte.

Nach gefahrener Runde höre ich oben meine Frau. Sie arbeitet dienstags den halben Tag und ist gerade heimgekommen.

Ursprünglich wollten wir heute noch spazieren gehen. Sie sieht, dass ich schon Rad gefahren bin, und gibt mir eine Steilvorlage:»Sollen wir heute wirklich rausgehen? Draußen ist es stürmisch und kalt.«

Eigentlich kein Grund, es nicht zu tun, aber da ich eh nicht gern rausgehe, sage ich nur:»Nein, bin ja Rad gefahren, ich hatte also meinen Sport.«

Sie ist froh und meint noch:»Übrigens, es hat jemand angerufen. Vielleicht ein Rückruf von einem Psychotherapeuten, dem du gestern auf den AB gesprochen hast?«

Ich blocke zuerst ab:»Wenn ich jetzt zurückrufe, geht eh niemand ran.« Ich bin heute wenig motiviert zum Telefonieren. Lieber unterhalte ich mich mit meiner Frau. Sie erzählt von ihrem Tag und ich von meinem.

Nach einer Stunde bin ich dann doch neugierig und rufe die angezeigt Nummer zurück. Es meldet sich eine Psychotherapeutin Frau Lahm. Fast schon entschuldigend frage ich nach einem freien Therapieplatz.

Die Antwort überrascht mich und kommt mir auch irgendwie komisch vor:»Ja, ab und zu wird mal einer frei.« Dann macht sie mir gleich einen Terminvorschlag zu einem ersten Kennenlerngespräch, der schon übernächste Woche sein soll.

Ich bedanke mich freudig, lege auf und erzähle meiner Frau davon.»Stell dir vor, ich habe tatsächlich einen Termin bekommen, der nicht erst in sechs Monaten, sondern schon in zwei Wochen sein soll!« Wir freuen uns erst mal. Da wir sie aber beide nicht kennen, google ich nach ihr. Was mir dann die Suchmaschine ausspuckt, schockiert mich erst mal: Auf einem Internetportal für Ärzte hat sie fast nur schlechte Bewertungen. Die nettesten sind noch »Hört nicht zu, schläft fast ein, verschreibt schnell Antidepressiva.« Es steht dort auch, dass man zwar schnell einen Termin bekomme, man aber lieber nicht hingehen solle, da, wer noch keine Suizidgedanken habe, danach sicher welche bekommen werde. Meine Frau versucht, mich zu beruhigen:»Geh hin und mach dir selber ein Bild, du kannst dann immer noch entscheiden.« Sie hat natürlich recht.

Um mich wieder mal abzulenken, beschließt meine Frau, mit mir einkaufen zu gehen, was zwei positive Dinge miteinander vereint: Der Kühlschrank wird gefüllt, und ich komme wieder mal raus.

Als wir wieder zu Hause und beim Auspacken sind, ruft meine Frau:»Mein Vater ist da und bringt wieder Holz.« Mir ist klar, dass ich ihm jetzt helfen muss. Ich werfe mir schnell eine Jacke über und begrüße ihn.

Er fragt:»Na, wie geht's? Immer noch zu Hause?«

Und ich sage nur:»Ja, es geht so.«

Da bei meinem Schwiegervater die Arbeit immer Vorrang hat, beginnen wir mit dem Ausladen. Als das ganze Holz ausgeladen ist, kommen wir ins Gespräch. Meine Frau hatte ihm schon einiges erzählt, nun möchte er die Einzelheiten von mir wissen.

»Ich wusste nicht, dass du noch mal deinen Job gewechselt hast.«

Ich antworte immer nur in kurzen Sätzen:»Ja, bereits zweimal hintereinander.«

Er will wissen, was der Grund für meine Krankheit sei. Ohne dass ich was sagen müsste, gibt er dann selbst die Antwort vor: »Ich kann verstehen, dass man sich im Alter bei einem Wechsel schwertut, wenn alles neu ist. Überall lauter Jungingenieure die alles besser wissen, die ohne Rücksicht nach oben streben.«

Ich bin überrascht, wie gut er meine Situation nachvollziehen kann, das habe ich so nicht erwartet. Aus seinen Erzählungen wusste ich, dass es ihm am Ende seiner Berufszeit auch nicht mehr in seinem Job gefallen hat, und ich nehme an, dass er das Ganze jetzt auf seine damalige Situation überträgt. Zu meiner Überraschung gibt er dann noch meinem Chef die Schuld »Er hätte doch wissen müssen, worauf er sich da einlässt. Einen branchenfremden älteren Mann einzustellen, birgt doch ein gewisses Risiko«, und fügt gleich hinzu: »Kannst du nicht mit deinem Chef reden und ihm deine Situation erklären? Vielleicht hat er auch einen anderen Job für dich, der dir besser gefällt?«

Das stellt sich mein Schwiegervater einfacher vor, als es ist. Mit einem CEO über persönliche Wünsche zu reden, wobei der nur seine Ziele und Vorgaben kennt, ist schier unmöglich. Ich blocke jetzt ab und sage nur noch: »Mach dir keine Sorgen, Wilhelm, das wird schon wieder. Sag Margarete noch einen Gruß von mir!« Ich schüttle ihm die Hand, bedanke mich und gehe wieder rein.

Drinnen erzähle ich Konstanze, wie verständnisvoll ihr Vater reagiert hat.

Daraufhin erzählt sie mir die ganze Geschichte. »Im letzten Drittel seiner Berufszeit musste er die Abteilung wechseln, was ihm auch sehr schwergefallen ist. Dort hat er dann Dokumentationen ins Englische übersetzt, obwohl er in der Schule gar kein Englisch hatte. Ich war damals noch klein, ich kann mich aber erinnern, dass meine Eltern am Abend viel darüber gesprochen haben.« Es war also auch für ihn nicht leicht. Allerdings wurde er dabei nicht krank, ich aber schon.

Tag 22

Mittwochmorgen. Ich wache auf. Meine Gedanken kreisen. Mein Tinnitus kommt mir heute lauter vor als sonst. Ein hochfrequenter monotoner Sound, unterlegt mit einem dröhnend klingenden Lüftergeräusch: für einen guten Technobeat leider nicht zu gebrauchen.

Ich habe heute keine Lust aufzustehen und zwinge mich. Es ist kurz vor neun und der Ablauf eingespielt und schnell wie immer. Doch heute ist etwas anders: Die Tür des Schlafzimmers meiner Tochter Sophie ist noch zu. Ich schaue nicht hinein. Unten in der Küche wird mir klar, warum: Da liegt eine Krankmeldung vom Arzt, so hingelegt, dass ich sie gleich sehen muss.»Okay«, denke ich,»dann bin ich heute zumindest nicht allein.« Ich frühstücke und mache anschließend Feuer im Ofen. Die Tage zuvor war es mir immer kalt, heute möchte ich nicht frieren, obwohl es draußen schon etwas wärmer geworden ist. Dann setze ich mich auf die Couch, schreibe wieder. Das gestrige Gespräch mit meinem Schwiegervater beschäftigt mich noch immer, und das gebrachte Holz muss auch noch gestapelt werden. Jetzt komme ich fast schon etwas in Stress. Dazu kommt, dass ich heute noch zwei Telefonate führen will mit Adressen, die mir die Ärztin im Krankenhaus empfohlen hat.

Okay, eins nach dem anderen. Ich schreibe zuerst den gestrigen Tag fertig, anschließend schneide ich mein gestern angefangenes Gustav-Mesmer-Video zusammen, und dann wird telefoniert. Das erste Telefonat führe ich mit dem SZVT = Stuttgarter Zentrum für Verhaltenstherapie. Eine nette Frau ist dran, sie klärt mich auf, dass hier vor allem angehende Therapeuten praktizieren würden, die von Dozenten angeleitet werden würden, was ich aber schon weiß und auch gut finde. Die kennen sicher die neuesten Behandlungsmethoden. Die Frau erklärt mir weiter, dass ich zuvor einen Bewerbungsbogen ausfüllen und zuschicken müsse, und natürlich kann es mal wieder bis zu acht Wochen dauern. Sie rät mir, zweigleisig zu fahren, was ich ja schon mache. Ich bedanke mich, lege auf. Danach schreibe ich meine Hausarztpraxis an wegen eines Termins für morgen.

Es ist jetzt schon Mittag. Ich checke mein Handy und sehe, dass mein ehemaliger Chef mich angeschrieben hat. Er fragt, wie es gehe. Am liebsten würde ich schreiben:»Mir geht es echt schlecht, sitze zu Hause, grüble und leide unter Depressionen.« Doch tatsächlich übergehe ich die Frage und antworte mit einer freundlichen Floskel, wie man das halt so macht.

Dann zwinge ich mich, rauszugehen und das Holz aufzustapeln. Ich vermute, dass heute Abend die nächste Fuhre kommt, und möchte mir nicht nachsagen lassen, ich hätte nichts getan.
Es kostet mich wieder mal Überwindung rauszugehen, doch als arbeitsfaul eingestuft zu werden, ist für mich noch schlimmer. Nach getaner Arbeit will ich heute noch das zweite Telefonat mit der DPG = Deutsche Psychoanalytische Gesellschaft in Stuttgart führen, die beratende Gespräche für Unentschlossene anbietet. Wie im Internet beschrieben, können Termine zwischen 14:00 und 16:00 Uhr vereinbart werden. Es ist ständig belegt. Um 15:30 Uhr komme ich endlich durch. Doch meine Freude ist nur von kurzer Dauer, da keine Termine frei sind. Die hilfsbereite Frau im Sekretariat macht mir dennoch etwas Hoffnung:»Aktuell ist zwar alles belegt, doch ab und zu

springt auch mal jemand ab. Probieren Sie es einfach nächste Woche noch mal, dann kann ich Sie auch kurzfristig reinnehmen.« Wieder mal muss ich feststellen, dass mit schneller Hilfe nicht zu rechnen ist, und wenn doch, haben die Leute eine schlechte Bewertung. Ich bedanke mich und lege auf.

Mir reicht es für heute. Ich setze mich auf die Couch und schaue lieber Radrennen im Fernsehen.

Tag 23

Donnerstagmorgen 7:00 Uhr. Der Wecker klingelt, ich wache auf, bin nicht verschwitzt, fühle mich aber müde. Heute habe ich um 8:30 Uhr einen Termin bei meiner Hausärztin.

Ich habe keine Lust aufzustehen und kuschle mich an Konstanze ran, die heute ihren freien Tag hat.

7:10 Uhr. »Du musst jetzt aufstehen«, sage ich mir. Mit einem Ruck schwinge ich mich wieder aus dem Bett und gehe ins Bad, um zu duschen. Wir frühstücken noch zusammen, dann verabschiede ich mich und fahre los.

In der Praxis muss ich nicht lange warten und komme gleich dran.

Meine Hausärztin schaut mich mit einem mitleidvollen Blick an und fragt mit sorgenvoller Stimme: »Wie ist es Ihnen ergangen, wie waren die letzten zwei Wochen für Sie?«

Um die Spannung etwas aufzubauen, sage ich nach einer kleinen Pause: »Sehr aufregend«, und füge gleich hinzu: »Es ist einiges passiert.« Dann sprudelt es aus mir heraus, verspüre ich doch den Wunsch, alles zu erzählen. Vom zweitägigen Aufenthalt in der Psychiatrie, der mir mehr Angst gemacht als geholfen hat. Von den Schizophrenen und den Behandlungsmethoden mit Strom und dass man schneller in die Psychiatrie rein- als rauskommt. Ich muss zugeben, dass ich überwiegend die schlechten Dinge vom Klinikaufenthalt erzählt habe, will ich doch vermeiden, dass sie mich noch mal dahin schickt. Dann erzähle ich von den vielen Anrufen, die ich getätigt habe, von den ambulanten Tageskliniken, die komplett voll sind, und von den praktizierenden Psychotherapeuten, die Wartelisten von bis zu sechs Monaten führen. Na ja, zumindest habe ich eine Psychotherapeutin gefunden, wenn auch keine gute. Gespannt hört sie sich alles an, und ich merke, wie sehr sie mein Erfahrungsbericht interessiert.

Als ich fertig bin, meint sie fast schon entschuldigend: »Glauben Sie mir, ich wollte nicht, dass sie in der Klinik bleiben, es ging mir wirklich nur darum, dass Sie eine schnelle ambulante Hilfe erfahren.« Dann holt sie weiter aus: »Das zeigt auch die Problematik unseres Gesundheitssystems, dass Menschen mit akuter Depression auf die Schnelle nicht geholfen wird. Es fehlt einfach an Plätzen und Fachpersonal, und es kommt nicht wirklich viel nach.«

Ich gebe ihr recht: »Fachkräfte fehlen zurzeit in allen Branchen.«

Dann lobt sie mich: »Wie ich sehe, waren Sie in den letzten beiden Wochen ganz schön aktiv.«

Ich merke, worauf sie hinauswill, und rudere zurück: »Es geht mir zwar langsam besser, allerdings fühle ich mich nach dem Aufwachen immer noch recht schlecht. Ab Nachmittag hebt sich dann meine Stimmung, und ich bin etwas motivierter. Glauben Sie mir, die Anrufe, die ich getätigt habe, sind mir nicht leichtgefallen, aber natürlich will auch ich, dass es mir schnell wieder besser geht.«

Mit besorgter Miene schaut sie mich an und sagt: »Zur Arbeit kann ich Sie noch nicht schicken, und wenn doch, dann nur über eine Wiedereingliederungsmaßnahme. Vorerst schreibe ich Sie weitere zwei Wochen krank.«

Ich bin erleichtert, denke aber schon wieder darüber nach, mit welch warmen Worten ich es diesmal meinem Chef beibringen muss. Sie drückt mir dann noch die Arbeitsunfähigkeitsbescheinigung in die Hand, und wir verabschieden uns.

Zu Hause angekommen, setze ich mich wieder auf die Couch und versuche, mich an das Gespräch zu erinnern. Ich habe wie immer die Sorge, ob ich auch wirklich alles erzählt und gefragt habe, doch zum Grübeln bleibt nicht viel Zeit. Gegen 9:30 Uhr klingelt mein Handy. Schnell gehe ich ran, vielleicht ein Rückruf, und es wird irgendwo ein Platz frei.

Es meldet sich Frau Lehmann vom Personalbüro meiner Firma. Mir stockt der Atem.

»Ich bin im Unternehmen für das Gesundheitsmanagement zuständig und wollte fragen, wie es Ihnen geht und ob ich helfen kann. Sie sind ja jetzt schon längere Zeit krank zu Hause.«

Ich stocke und antworte zuerst etwas wortkarg, was sie bemerkt und reagiert: »Sie müssen sich keine Sorgen machen, das Gespräch ist absolut vertraulich.«

Fast schon entschuldigend antworte ich: »Ich habe meinem Chef bereits mitgeteilt, dass ich an einem Burn-out leide«, was ich gleich wieder doof finde.

Sie will nun wissen, wie es dazu gekommen sei. »Okay«,

denke ich,»ist ja vertraulich«, und versuche, mich zu erklären:
»Ich habe erst vor Kurzem den Job gewechselt bin also noch
in der Probezeit, was mich natürlich zusätzlich belastet. Ich bin
mit der Situation nicht klargekommen, habe mich abgehängt
gefühlt und war den Anforderungen nicht gewachsen, dann kam
das eine zum anderen. Natürlich will ich schnell wieder gesund
werden. Aktuell bin ich auf der Suche nach einem Psychotherapeuten, was nicht so einfach ist.«

Sie scheint meine Situation zu verstehen und will Hilfestel-
lung geben:»Sie sollten bei der Krankenkasse nachfragen, die
kann Ihnen sicher weiterhelfen und welche nennen, auch bei
der Rentenversicherungsanstalt gibt es Möglichkeiten.«

Insgeheim denke ich:»Ratschläge können alle geben, aber
aktive Hilfe sieht anders aus.« Ich antworte schnell:»Habe ich
schon gemacht und auch einen Reha-Antrag gestellt«, und
nehme ihr den Wind aus den Segeln.

Sie gibt nicht auf.»Ich kann auch ein Dreiergespräch mit
Ihrem Kollegen organisieren.«

Wie kommt sie darauf, dass ich mit ihm sprechen wolle?
Ob das wirklich hilfreich wäre? Vielleicht hatte sie mit ihm bereits gesprochen. Das macht mir erst mal Angst. Ich fühle mich
noch nicht so weit, und so, wie ich meinen jungen Kollegen
kenne, hat der bestimmt kein Interesse daran, sich mit einem
ausgebrannten Kranken zu unterhalten.

Sie merkt das:»Kommen Sie einfach auf mich zu, wenn es
Ihnen besser geht, damit ich Ihnen helfen kann.«

Ich bedanke mich einige Male. Schließlich ist es ja nicht
selbstverständlich, wenn von der Firma Hilfe angeboten wird.
Wir legen auf.»Mannomann«, denke ich,»wie toll die neue
Firma doch ist! Die haben sogar eine Gesundheitsmanagerin!
Ich wusste das gar nicht«, und schäme mich fast schon, dass

ich bei so einer guten Firma den gestellten Anforderungen nicht gerecht werden kann.

Doch je länger ich darüber nachdenke, umso mehr wandelt sich das Gespräch vom Positiven ins Negative. Die Frau wollte mich sicher nur aushorchen und schauen, ob ich schnell wieder zur Arbeit könne, wahrscheinlich hat sie mein Chef dazu beauftragt. Die Hilfe ist sicher nur geheuchelt, die werden mich sowieso entlassen, dann kann die Firma sich noch als Wohltäter präsentieren und sagen: »Da schaut, wir haben Hilfe angeboten, doch er wollte ja keine.«

Ich muss mich wieder ablenken, setze mich hin und schreibe. Gegen Mittag beschließe ich, das Bewerbungsformular für das Zentrum für Psychotherapie in Stuttgart auszufüllen. Hier praktizieren angehende Therapeuten unter Anleitung, was ich ja gestern noch ganz gut fand, jetzt schon wieder leicht infrage stelle, da diese ja noch recht unerfahren sind. Im Formular werden sehr persönliche Fragen gestellt, und mir ist klar, worauf das Ganze abzielt. Fragen zu Alkoholkonsum, Essgewohnheiten, Drogen und Medikamenteneinnahme sind wohl in der Psychoanalytik Standard. Wahrscheinlich will man wissen, was die Depression ausgelöst hat, womöglich hat man es hier mit einem Alkoholiker, Magersuchtkranken, Drogenabhängigen oder Medikamentensüchtigen zu tun. Blöd ist nur, dass man beim Beantworten der Fragen unweigerlich darauf achtet, nicht in der falschen Kategorie eingestuft zu werden. Das Formular wird handschriftlich ausgefüllt, und ich muss das Geschriebene öfter korrigieren. Einige Seiten drucke ich bis zu viermal aus, bis es für mich einigermaßen passt – was ich sogleich unter Zwangsverhalten eintrage. Nach ungefähr zwei Stunden bin ich fertig und erst mal komplett erschlagen. Ich lege mich wieder auf die Couch, ruhe mich aus und döse vor mich hin. Ich kann nicht wirklich entspannen, da ich noch meinem Chef schreiben muss.

Als ich aufstehe und gerade anfangen will, klingelt es an der Haustür. Ich werde unruhig, schaue meine Frau an, die mich fragt: »Soll ich aufmachen?«

»Ja«, sage ich, »mach du das bitte.«

Beim Öffnen der Tür höre ich eine vertraute Stimme. Es ist mein Bruder, der vorbeischaut und sich erst mal entschuldigt: »Hoi, Bruder, ich wollte eigentlich schon früher kommen.«

Das finde ich aber nicht so schlimm und halte es jetzt für den richtigen Zeitpunkt. Wir setzen uns auf die Couch und reden, wie halt Geschwister miteinander reden. Offen und ehrlich. Er will wissen wie es mir gerade gehe, und ich erzähle ihm alles. Nach jeder Schilderung bestätigt er immer wieder, hatte er doch Selbiges am eigenen Leib erfahren. Ich erzähle, dass ich vor allem morgens starke Ängste hätte, mich kaum noch aus dem Haus traute und jetzt große Angst hätte, meinen Job zu verlieren.

»Das ging mir genauso«, hakt er ein, und es folgen Tipps für den Alltag, die nur jemand geben kann, der das Gefühl kennt und weiß, wie es ist. »Wenn du zu Hause am Grübeln bist, lenke dich ab, mach Kreuzworträtsel oder lies ein Buch, geh täglich raus unter Leute, z. B. zum Einkaufen, egal was, und rede über deine Probleme. Je offener du damit umgehst, umso besser wird es dir dabei gehen.« Natürlich ist das alles nicht so einfach, und das weiß er auch und fügt noch hinzu: »Und wenn dich dein Job stresst, such dir einen neuen, wo du nicht mehr so viel Verantwortung hast. Du bist doch abgesichert. Was soll dir denn passieren?« Dann erzählt er noch von sich und früher, wie ich ihm geholfen habe, als er ambulant war. Vorm Geschäft habe ich ihn oft in die Klinik gefahren, und wir haben dabei immer super geredet. Ich hatte es schon fast vergessen, er aber nicht. Man sieht, dass auch kleine Gesten helfen und in Erinnerung bleiben können. Nachdem wir eine Stunde geredet haben, muss er weiter, er kam ja direkt von der Arbeit. »Dein Kommen hat mich sehr gefreut«, sage ich ihm, und wir verabschieden uns herzlich.

Danach setze ich mich an meinen Geschäftslaptop und schreibe die E-Mail an meinen Chef. Ist eigentlich nur ein kurzer Satz: »Meine Ärztin hat mich für weitere zwei Wochen krankgeschrieben.« Dann lasse ich meine Frau noch mal gegenlesen. Wir ändern ein paarmal hin und her, und ich möchte der E-Mail noch einen positiven Anstrich verpassen. Nach langem Überlegen kommt mir in den Sinn: »Am besten bedanke ich mich noch für den Anruf von Frau Lehmann, die mir ja die Unterstützung der Firma zugesichert hat.« Meine Frau fügt den Satz schnell hinzu und drückt dann auf »Senden«, bevor ich es mir noch mal anders überlege.

Auf meinem Handy eine Nachricht, mein Schwager hat mich angeschrieben. Er schreibt: »Mach dir keine Sorgen. Es wird schon alles wieder gut. Du hast doch eine tolle Familie.« Ich bestätige fast Satz für Satz: »Macht euch keine Sorgen. Es wird schon langsam besser, und die Familie ist doch das Wichtigste.«

Beim Abendessen isst Sophie mit uns, die ja krankgeschrieben ist. Wir haben den Tisch ausgezogen und sie mit genügend Abstand zu uns platziert. Es erinnert mich etwas an eine Szene aus dem Kreml, als Putin seine westlichen Staatsgäste an einem langen Tisch mit großem Sicherheitsabstand platzierte. Meine Frau Konstanze und Sophie wollen heute »Topmodel« schauen. Ich schreibe nebenher.

Das Telefon klingelt. Mein Blick geht rüber zu meiner Frau und Sophie, die keine Anstalten machen, ans Telefon zu gehen – sind ja beide beschäftigt mit den Problemen angehender Models. Ich muss also selber rüber ins Büro und sehe die angezeigte Nummer – Stuttgarter Vorwahl. Ich habe keine Lust, ranzugehen, bin aber neugierig und höre anschließend den AB ab. Es ist mein Freund Timo. Er will wissen, wie es mir gehe. Mein Bruder meinte ja, ich solle darüber sprechen. Ich zögere lange, überwinde mich dann doch und rufe zurück. Wir reden zuerst über das letzte Cliquentreffen.

Er meint: »Schade, dass du nicht dabei warst, du hast echt gefehlt.«

»Ja, schade«, sage ich, »wäre gerne dabei gewesen.«

Dann fragt er mich direkt, was ich denn hätte. Ich will ehrlich zu ihm sein und erzähle ihm, dass ich schon seit drei Wochen zu Hause bin und unter einem Burn-out leide. Ein paar Details wie die Einnahme von Antidepressiva und meinen zweitägigen Aufenthalt in der Psychiatrie verschweige ich lieber, das hätte er sicher nicht verkraftet.

Timo möchte wissen, wie er mir helfen könne, und macht gleich selbst einen Vorschlag: »Ich kenne da einen Mental-coach, der hat beim Daimler gearbeitet und Mitarbeiter zu Höchstleistungen motiviert.«

»Super«, denke ich, »genau das, was ich jetzt brauche.«

Da ich ein sparsamer Typ bin und er das weiß, fügt er gleich hinzu: »Das kann auch was kosten, aber das muss es dir ja schließlich wert sein.«

Ich sage nur:»Wenn es denn hilft.« Es ist schon Ironie des Schicksals: Bei Radtouren war ich immer derjenige, der meine Freunde zu Höchstleistungen motiviert hat. So kann das Blatt sich wenden.

Etwas vorwurfsvoll meint er dann noch:»Du bist in letzter Zeit sehr viel Rad gefahren, das war doch auch schon übertrieben und nicht mehr gesund.«

Blöd, jetzt muss ich mich auch noch rechtfertigen und merke an:»Im letzten Jahr bin ich nur 9000 km Rad gefahren, und was Verrücktes war auch nicht dabei.«

Natürlich lässt er das nicht gelten. Jetzt steht wohl alles auf dem Prüfstand. Timo, der von unserer Radgruppe immer am wenigsten trainiert und bei Touren den meisten Trainingsrückstand hat, will mir das jetzt wohl unter die Nase reiben.»Wie gemein!«, denke ich noch. Egal, es war mir schon wichtig, dass er angerufen hat und ich zumindest vage über meine Probleme reden konnte. Dennoch lässt mich das Telefonat auch nachdenklich zurück. Habe ich mich so unklar ausgedrückt, dass einer meiner besten Freunde das Kernproblem nicht verstanden hat, dass ich an einer Depression leide?

Nach dem Telefonat schaue ich mit meiner Familie gemeinsam »Topmodel« – die Probleme anderer sind mir dann doch lieber als meine eigenen.

Tag 24

Freitagmorgen. Die Nacht war heute zweigeteilt. Bin gestern auf der Couch vor dem Fernseher eingeschlafen. Nachts um halb zwei bin ich dann komplett verschwitzt aufgewacht und habe mich ins Bett gekämpft. Heute Morgen nach dem Aufwachen ist mir kalt, bin aber nicht verschwitzt. Dennoch ein Gedanke, der mich sofort quält: wie wohl mein Chef auf meine E-Mail reagiert haben mag. Ich zwinge mich aufzustehen. Mache erst Frühstück, bin hektisch und verschütte das Kaffeepulver. Nach dem Essen prüfe ich die eingegangenen E-Mails. Vier neue Nachrichten, es ist jedoch keine von meinem Chef dabei. Bin erst mal beruhigt, dann überlege ich weiter und bin beunruhigt: Er hat mir nicht mal zurückgeschrieben, es war ihm wohl keinen Kommentar wert, wahrscheinlich hat er mich bereits abgeschrieben. Geknickt und doch irgendwie auch froh, setze ich mich auf die Couch und schreibe wieder. Gegen 11:00 Uhr fällt mir ein, dass ich meine Tablette noch nicht genommen habe. »Mist«, denke ich, hole es schnell nach und verschlucke mich dabei. Beim zweiten Schluck Kaffee ist sie dann unten. Nur gut, dass es mir noch eingefallen ist! Blöd, wenn ich es vergesse hätte. Ich möchte doch meinen Genesungsprozess nicht gefährden.

Die Worte meines Bruders hallen mir immer noch nach: »Geh raus unter Leute!« Da das Anmeldeformular für die Psychotherapie in Stuttgart noch zum Briefkasten gebracht werden muss, ich aber neugierigen Fragen von Nachbarn aus dem Weg gehen will, beschließe ich, mit dem Auto in die Stadt zu fahren, um es im Postamt einzuwerfen. Schnell ziehe ich mich an, haste zum Auto und fahre los. Da ich noch etwas laufen will, parke ich außerhalb von der Stadt. Zuerst begegnen mir nur wenige Menschen, Richtung Stadtzentrum wird es dann immer voller und in der Fußgängerzone dann richtig voll. Vorausschauend wie beim Radfahren, wo jeder Stein oder eine Unebenheit zum Sturz führen kann, prüfe ich die mir entgegenkommenden Personen. Dort, wo ich der Meinung bin, dass mir jemand Bekanntes in die Quere kommen könnte, umgehe ich das Hindernis und biege schnell in eine kleinere Seitenstraße ab. Nach diversen Umwegen komme ich endlich am Postamt an und werfe das Kuvert in den Briefkasten ein. Wie ich jetzt feststellen muss, wird dieser wohl später geleert als der in meinem Wohnort. Nun gut, zumindest bin ich raus und in die Stadt unter Menschen gegangen. Jetzt aber schnell zurück! Ich laufe in Richtung Auto. »Wie blöd von mir«, denke ich nur, »jetzt bist du schon mal in der Stadt und machst nichts daraus.« Ich drehe um und gehe kurzerhand in den Media Markt. Als Belohnung kaufe ich mir dort eine preisgünstige CD, was heute eigentlich keiner mehr tut, schließlich streamen heute alle Musik. Auf dem Rückweg halte ich noch beim Bäcker. Die Auswahl fällt mir sehr schwer, da doch alles teurer geworden ist, was mir schon wieder Sorge bereitet. Ich nehme zwei Brezeln und ein Schokocroissant für meine kranke Tochter mit, so, wie man das als sorgender Vater halt so macht.

Als ich ins Haus eintrete, kommt mir Essensduft aus der Küche entgegen. Sophie hat sich bereits eine Pizza gemacht. Ich sage schnell: »Hab dir ein Croissant vom Bäcker mitgebracht.«

Fast schon entschuldigend meint sie: »Echt lieb von dir, ich werde das Croissant sicher noch später essen.«

Wir setzen uns zu Tisch und essen dann gemeinsam, sie ihre Pizza und ich meine selbst geschmierten Butterbrezeln. Dabei unterhalten wir uns über Social Media, was ja unser Lieblingsthema ist. Wir träumen beide davon, mal richtig große Influencer zu werden, obwohl ich altersmäßig den Zenit sicher schon überschritten habe. Da ich aktuell keine Filme machen kann und auch nicht nach außen in Erscheinung treten will, erzähle ich ihr von meinem täglichen Tagebuch, das ich gerade schreibe. »Vielleicht wird ja ein Buch daraus«, sage ich scherzhaft.

Sie wird neugierig: »Wie viele Seiten hast du denn schon geschrieben?«

Ich sage: »Pro Tag etwa zwei, also so um die 40 Seiten«, was ja noch nicht so viel ist.

»Warum nicht«, erwidert sie, »bei 40 000 Wörtern kann man schon ein Buch draus machen.« Sie hatte schon etwas Erfahrung, da sie bereits einen Roman geschrieben und an mehrere Verlage verschickt hatte, leider ohne Erfolg. Dennoch findet sie es eine super Idee: »Ich kann dich ja dabei unterstützen, und wenn du willst, lese ich das Ganze noch mal gegen.«

Das freut mich, weiß ich doch, dass sie in Deutsch und vor allem in der Grammatik wesentlich besser ist als ich, und füge noch zum Spaß hinzu: »Das Buch wird dann sicher von Till Schweiger verfilmt, der kann so was.«

»Nee«, sagt sie, »das soll der Matthias Schweighöfer machen, den finde ich besser«, und lacht.

Ich checke nochmal meine E-Mails. Keine Nachricht von meinem Chef, was mir jetzt auch langsam egal ist. Das Gespräch mit Sophie hat mich motiviert, und ich schreibe wieder. Anschließend gehe ich runter in den Keller, um Rad zu fahren.

Nach der Stunde Sport fühle ich mich nun richtig gut. Das Serotonin vom Antidepressivum, gemixt mit Dopamin vom Sport, hat mir ein absolutes Hochgefühl verpasst, wie wahrscheinlich nur wenige Drogen es können.

Meine Frau kommt von der Arbeit nach Hause. Sie wirkt niedergeschlagen und erzählt gleich los. Ihr Bereich sei vor Kurzem umgezogen, die Büros neu verteilt worden. Die guten Kollegen seien einen Stock höher gezogen, und jetzt sitze sie fast allein in einem Büro, das sich im Eingangsbereich befinde, wo ständig Publikumsverkehr rein- und rauslaufe.

Gepusht durch Botenstoffe, versuche ich, sie aufzubauen: »Sei froh, dass du dein eigenes Büro hast. Ich kann verstehen, dass dir die Kollegen fehlen, ging mir mal genauso. Aber stell dir vor, du würdest mit einem absoluten Widerling zusammensitzen, der ständig das Fenster aufreißt oder die Klimaanlage runterregelt, sodass du frierst, vielleicht könntest du ihn nicht riechen, und er stinkt. Manche essen auch ständig und kauen laut.« Negativbeispiele zu finden, ist für mich nicht allzu schwer, kann ich doch auf einen langjährigen Erfahrungsschatz aus meiner Großraumbürozeit zurückgreifen. Ich setze noch einen drauf: »Bei uns war es früher das höchste der Gefühle, ein eigenes Büro zu bekommen, so wie du eins hast.«

»Ja, da hast du sicher recht.« Allerdings kann ich sie nicht wirklich überzeugen, da sie die meisten Kollegen ganz gut leiden kann.

Na ja, sie hat heute erst wenig gegessen, und mir wird klar, dass gerade jegliche Aufbauarbeit vergebens ist. Ich mache schnell Essen, um sie zu entlasten und ihre Stimmung zu heben, was mir dann auch gelingt. Danach ziehe ich mich auf meine Couch zurück, um noch zu schreiben. Nachdem Konstanze die

Küche aufgeräumt hat, kommt sie zu mir auf die Couch. Nachdem wir es uns dort gemütlich gemacht haben, lassen wir den Abend entspannt mit einer Netflix-Serie ausklingen.

Tag 25

Samstagmorgen. Ich wache auf. Fühle mich heute nicht ganz so schlecht, muss aber wieder an die Arbeit denken. Meine Frau ist schon aufgestanden und im Bad. Samstags trifft sie sich immer mit ihren Freundinnen zum Kaffeekränzchen in der Stadt, was auch heute der Fall ist. Ich stehe auf wie an jedem Wochenende und hole mir zuerst die Tageszeitung, lege mich dann wieder ins Bett und lese. Meine Frau kommt zurück aus dem Bad, begrüßt mich mit zwei herzhaften Küssen und sagt: »Ich gehe schon mal runter und mache Kaffee.« Als ich mit der Zeitung fertig bin, komme ich nach.

Beim Frühstück geht es wieder mal um unsere Finanzen und darum, dass vielleicht das Geld nicht reicht.
»Wovor hast du eigentlich Angst?«, fragt Konstanze. »Es geht uns doch gut, und wir haben ja auch noch Erspartes.«
Meine Sorge, dass die Inflation alles auffressen werde, lässt sie nicht gelten. Sie fängt an zu rechnen: »Nach sechs Wochen Krankschreibung erhältst du doch Krankengeld von der Krankenkasse. Wirst du arbeitslos, bekommst du Geld vom Arbeitsamt. Wenn das auch nicht mehr reicht, kannst du immer noch dein Elternhaus verkaufen, dessen Erhalt uns ja auch einiges an Geld kostet, und schließlich verdiene ich ja auch noch was.«
Natürlich hat sie mit allem recht, und gerne würde ich ihr beipflichten, doch was kommt dann – Bürgergeld? Dennoch

sehe ich die Zukunft nicht mehr ganz so schwarz und merke, wie die Wunderpille langsam ihre Wirkung entfaltet.

Konstanze verabschiedet sich und ich fange wieder an zu schreiben. Die Sonne scheint durch das Fenster herein, und es fühlt sich an wie Frühling. Für heute habe ich mir vorgenommen, rauszugehen und den traditionellen Frühjahrsrückschnitt vorzunehmen, ist ja schließlich Samstag und somit kein Problem, gesehen zu werden. Nach einer Stunde Gartenarbeit bin ich erst mal platt, aber auch froh, es gemacht zu haben.

Danach setze ich mich wieder hin und schreibe. Meine Tochter Sophie setzt sich neben mich und surft etwas lustlos auf ihrem Handy. Ich fasse mir ein Herz und frage: »Kann ich dir mal etwas aus meinem Tagebuch vorlesen, am besten den Teil mit der Psychiatrie?«, da ich glaube, dass der für die Generation Netflix sicher noch am interessantesten ist.

Sie legt ihr Handy zur Seite und schaut mich erwartungsvoll an: »Ja, klar, würde ich voll gut finden.«

Etwas verunsichert lese ich noch mal kurz gegen. Ob ich ihr das wirklich vorlesen kann? Was denkt sie dann von mir? Egal, ich fange an, und sie hört gespannt zu. Ich merke an ihrem Gesichtsausdruck, dass meine beschriebene Offenheit sie überrascht. So persönlich hatte sie ihren Vater noch nie über seine Gefühle sprechen hören, doch mir tut es gut. Am Schluss frage ich nach: »Ganz ehrlich, wie findest du es?«

Sie schaut mich an und sagt: »Voll gut, wie du erzählst. Ich möchte jetzt schon gerne wissen, wie es weitergeht.«

Ich sage lachend: »Na ja, das Ende ist noch offen, ich kann dir leider noch nicht sagen, ob es gut ausgeht.« Ermutigt von ihrem Zuspruch, lese ich ihr noch weitere Seiten vor. Beim

Kapitel mit der Nachbarin findet sie es voll interessant, wie unterschiedlich man Situationen beurteilen kann, wenn man gesund oder krank ist. Dann gibt sie mir noch Tipps, was noch fehlt und ihrer Meinung nach weiter auserzählt werden muss.

Als wir gerade so beim Fachsimpeln sind, kommt meine Frau von der Stadt zurück. Sie hat chinesisches Essen mitgebracht. Beim Essen erzählt sie vom Treffen mit ihren Freundinnen und kommt gleich auf den Punkt:»Ich habe es meinen Freundinnen erzählt.«

»Was?«, will ich wissen.

»Dass du seit drei Wochen zu Hause bist und Burn-out hast«, antwortet sie.

Überrascht frage ich nach:»Warum hast du das erzählt?«

Sie schaut erstaunt:»Sind ja schließlich meine Freundinnen, und man soll doch drüber reden, hat dein Bruder ja auch gesagt.«

Etwas verärgert sage ich:»Nein, er hat gesagt, ich soll darüber reden, doch nicht andere.«»Andere« klingt erst mal hart, ist ja schließlich meine Frau. Mir schießt sofort durch den Kopf, dass ihre Freundinnen ja auch die Frauen meiner Freunde sind, mit denen ich auch Rad fahre, und wenn die das erst mal wissen, weiß es bald Gott und die Welt.

Sophie will mich noch etwas beruhigen:»Also ich hab es niemandem erzählt.«

Doch Konstanze lässt ein»Nichtsagen« nicht gelten.»Melli geht es auch nicht so gut, sie kann nachts nicht schlafen. Sie wacht gegen 2:00 Uhr auf und grübelt. So sind wir darauf gekommen, und dann habe ich es halt erzählt. Auch ihr Sohn hatte schon solche Phasen und Sätze fallen lassen wie ›Warum lebe ich überhaupt? Das macht doch alles keinen Sinn.‹«

Ich kann meine Frau schon verstehen, dass sie darüber sprechen will, und aus Erfahrung weiß ich auch, dass, wenn man sich anderen Menschen gegenüber öffnet, diese ebenfalls offener sind. Oberflächlich geführte Gespräche können dann auch schon mal in die Tiefe gehen, was ich prinzipiell ja gut finde. Wenn es allerdings um meine Erkrankung geht, möchte ich schon selbst bestimmen, wem und wann ich was erzähle.

Ich ziehe mich wieder zurück auf meine Couch und mache mir so meine Gedanken. Jetzt werden es bald alle wissen, man wird sich das Maul über mich zerreißen. »Spielt auf dem Rad die coole Socke und kommt dann mit seiner Arbeit nicht klar. So ein Versager!«

Nein, das möchte ich jetzt nicht, ich möchte das Selbstgespräch nicht weiterführen. Um mich abzulenken und weil ich das samstags immer mache, geh ich in den Keller, um Rad zu fahren. Ich tauche wieder ein in meine virtuelle Welt, die keine Gefühle kennt. Anonym kann ich hier wegtauchen, kein Status quo, der mich nach Arm oder Reich beurteilt, keiner fragt, wer ich bin, woher ich komme, hier zählt nur der Sport. Während ich strample, telefoniert meine Frau mit ihrer Schwester.

Nachdem ich von meiner virtuellen Radtour aus Japan zurück bin, erzählt mir Konstanze sichtlich enttäuscht vom Telefonat: »Stell dir vor, sie hat nicht mal groß gefragt wie es dir geht, sondern nur, dass sie dich mal angeschrieben hat.«

»Ja, richtig«, sage ich, »von deiner Schwester und ihrem Mann kamen zwei Kurznachrichten mit Genesungswünschen.«

Meine Frau ist leicht sauer, hatte sie doch von ihrer Familie mehr erwartet.

Tag 26

Sonntagmorgen. Gegen acht wache ich auf. Fühle mich gut, bin nicht verschwitzt. Konstanze liegt neben mir. Ich kuschle mich an sie ran, und sie streichelt mir den Kopf. Die Angst scheint wie verflogen. Schön, hier zu liegen. Zwei weitere Wochen, die ich noch krankgeschrieben bin, doch wie geht es dann weiter? Kann oder muss ich sogar in meinen alten Job zurück, der mich in diese Situation gebracht hat? Weitermachen wie bisher? Kann ich das noch? Sind das jetzt normale Ängste, oder bewege ich mich schon wieder in einer Depression? Wo fängt es an, und wo hört es auf? Je länger ich darüber nachdenke, desto ungelöster wird das Problem, und ich verfalle wieder in alte Denkmuster. Eben dachte ich, es sei geschafft, und schon bin ich wieder mittendrin. Der Pass schien erreicht, doch nach der Kurve merke ich, dass es noch ein ganzes Stück nach oben ist.

Beim Frühstück erzählt mir Konstanze noch mal ausführlich vom gestrigen Gespräch mit ihrer Schwester, das sie immer noch nicht verdaut hat. »Schade, dass sie nur kurz schreibt und sich nicht direkt bei dir meldet.«

Ich bin darüber weniger unglücklich, schließlich hat mich das letzte Telefonat doch ziemlich frustriert und eher weniger geholfen.

Dennoch kann Konstanze es nicht verstehen: »Meiner Schwester geht es doch so ähnlich wie dir. Wenn sie von ihrem Job erzählt, merke ich, dass er ihr keinen Spaß macht. Allerdings würde sie das nie offen zugeben, wäre ja ein Zeichen von Schwäche.«

Ich setze mich wieder rüber auf die Couch. Ein ungeöffneter DIN-A4-großer Umschlag liegt noch vor mir auf dem Tisch. Vor zwei Tagen hatte ich Post von meinem alten Arbeitgeber erhalten, und es war mir schon klar, dass mein Arbeitszeugnis drin sein müsse. Froh, es erhalten zu haben, hatte ich dennoch keine Lust, es zu lesen. Doch wie lange soll ich noch warten? Geschrieben ist geschrieben. Jetzt überwinde ich mich, öffne den Umschlag und lese es gespannt durch. Beim ersten Lesen finde ich es noch ganz gut, doch beim zweiten Mal fallen mir Textpassagen auf, die das vermeintlich gute Zeugnis zu einem mittelmäßigen werden lassen. Dabei war ich doch der Meinung, dass meine Chefs sehr zufrieden mit mir gewesen seien. Ich versuche, mich zu beruhigen. Na ja, schließlich habe ich gekündigt, das fanden sie sicher nicht so toll. »Egal«, denke ich. »Hauptsache, ich hab jetzt eins«, und lege es schnell wieder zur Seite.

Meine Frau setzt sich neben mich und googelt auf ihrem Handy nach »Depression« und »Arbeitgeber«. Sie will wissen, wann eine Rückkehr zu seinem Arbeitgeber Sinn habe, und liest mir eine interessante Passage vor, was verkürzt bedeutet, dass man erst das Kernproblem der Krankheit finden müsse und erst dann beurteilen könne, ob eine Rückkehr in den alten Beruf noch möglich sei.

Mir ist jetzt schon klar, dass es in meinem Fall wohl keinen Sinn hat.

Heute Mittag will Konstanze ihre Freundin Maja besuchen. Sie ist Psychologin, blind und arbeitet in einem Reha-Zentrum. Ich habe mir lange offengelassen, ob ich sie begleite. Da ich mich heute aber besser fühle, beschließe ich spontan mitzugehen.

Zuvor dusche ich noch, da ich keine verschwitzte Duftmarke setzen will. Blinde haben schließlich einen ausgeprägten Geruchssinn. Als wir abfahrbereit sind, folgt die obligatorische Frage:»Wer fährt?« Mit dem Schlüssel winkend, beantworte ich ihre Frage. Die erste Hälfte des Fahrwegs ist identisch mit meinem Berufsweg, und ich fühle mich sofort zurückversetzt an jeden Morgen, den ich mit dem Gefühl der Angst hier entlanggefahren bin. Vorbei am Bäcker, wo ich immer gehalten habe, mit einem kurzen Glücksgefühl, noch nicht in der Firma angekommen zu sein. Ich merke, wie tief der Schmerz noch sitzt und wie widerwillig ich die Strecke stets gefahren bin. Dann vorbei an der Sackgasse, die zu meiner Firma führt. Ich atme auf und seufze leicht. Gott sei Dank: Wir sind daran vorbei.

Es geht weiter Richtung Schwäbische Alb. Maja wohnt in der Nähe der Kurklinik, wo vor Kurzem auch die Vertriebstagung meiner Firma stattgefunden hat, an der ich teilgenommen habe. Es ist schon komisch, wie man Orte mit Erfahrungen verknüpfen kann und diese dann gute oder schlechte Erinnerungen in einem wecken.

Wir sind zehn Minuten zu früh, und Konstanze meint, dass wir noch im Auto warten sollten.

»Warum gehen wir nicht rein?«, frage ich, worauf meine Frau meint:»Normalerweise komme ich immer zu spät, und aus Erfahrung weiß ich, dass Maja immer etwas Vorbereitungszeit braucht.«

Als es kurz vor zwei Uhr ist, steigen wir aus und klingeln. Es dauert etwas, dann kommt uns Maja langsamen Schrittes und fühlend entgegen. Sie begrüßt uns sehr freundlich und bittet uns mit dem Hinweis herein, die Schuhe vorher auszuziehen. Zuerst gibt es Kaffee und Kuchen, den wir selber mitgebracht haben. Wie von meiner Frau vorgeschlagen, reden wir über Politik, Soziales und Musik, schließlich soll es heute nicht um meine Krankheit gehen.

Nach einer halben Stunde greift Maja das Thema auf:»Ich habe noch etwas für dich«, und tastet sich zu einem Schrank, wo ein Flyer von einer Selbsthilfegruppe liegt, den sie mir dann reicht.

»Okay«, denke ich,»sie will darüber reden und ich auch.« Sie meint:»Wenn man dich nicht kennt, würde man nicht merken, dass du unter Depressionen leidest, du wirkst auf andere immer wie ein Macher.«

Ich bin etwas überrascht, dass sie mich so einschätzt, und es freut mich sogar irgendwie.»Vielleicht mag das auf andere so wirken«, sage ich.

Darauf entgegnet sie mir:»Mir ist es aber aufgefallen«, und nimmt mir sogleich den Wind aus den Segeln.

Maja kannte meine Geschichte schon etwas länger, da meine Frau sich ihr anvertraut hat. Aber alles aus erster Hand zu erfahren, ist sicher noch mal anders. Darum berichte ich den Stand der Dinge aus meiner Sicht. Der Teil mit der Psychiatrie interessiert sie besonders, zum einen, weil er neu und ein Erfahrungsbericht für eine Psychologin doppelt so wertvoll ist.

Sie hört sich alles gespannt an und meint dann schlussfolgernd:»Die Psychiatrie war für dich sicher nicht der richtige Ort, dort werden vor allem Schwerstkranke ohne jegliche Struktur behandelt, das ist bei dir aber anders.«

Ich bin froh, dass sie das genauso sieht.

»Du benötigst eine psychotherapeutische Verhaltenstherapie. Such dir einen Psychologen deines Vertrauens. Mehr Ratschläge kann ich dir leider nicht geben.«

Dennoch bin ich froh, dass wir darüber gesprochen haben.

Ich fühle mich bei ihr sicher. Wie soll ich es erklären? Sie ist ja blind, und daher spüre ich keine prüfenden Blicke, wie ich sitze oder aussehe, Optik spielt bei ihr keine Rolle. Dafür kann sie sich an jeden Satz, jedes Wort erinnern, ist es auch noch so lange her. Ein wandelndes Lexikon. Menschen beurteilen einen normalerweise nach dem Aussehen. Sie hingegen hat nur das gesprochene Wort, und eine Depression ist bei ihr nichts, wofür man sich schämen müsste. Der Umgang damit ist für sie das Normalste auf der Welt, und ich fühle mich dabei auch ganz normal. Natürlich ist mir klar, dass sie als Psychologin weiß, wie man mit Kranken spricht. Dennoch es tut mir gut, mit ihr zu reden. Wir machen dann noch einen Spaziergang. Es regnet leicht, und eigentlich wolle sie nicht raus, habe sie doch erst ihre Haare gewaschen, wie sie anmerkt, und Frauen sind da immer sehr empfindlich, was für mich kein Grund ist. Zurück in ihrem Apartment, trinken wir dann noch einen Punsch. Danach verabschieden wir uns freundschaftlich, wobei sie mit einem Lächeln, leicht vorwurfsvoll an mich gerichtet, meint: »Schön, dass du mit dabei warst. Normalerweise kommst du ja nicht mit.«

Meinem ungesehenen Lächeln füge ich schnell hinzu: »Ja, richtig, normalerweise fahre ich in der Zeit immer Rad, aber zukünftig werde ich wohl öfters dabei sein.«

Auf der Heimfahrt bin ich erst mal erleichtert, dass ich mitgekommen bin und wir darüber geredet haben. Da Maja früher auch mal mit Cecilia befreundet war, kommt Konstanze wieder mal auf das ungeliebte Patenamt zu sprechen, das sie von ihrer Freundin übertragen bekommen hat. In letzter Zeit bereitet es ihr immer mehr Kopfzerbrechen.

Ich versuche, sie zu beruhigen, und sage: »Du weißt schon,

dass das Patenamt gesetzlich keinerlei Auswirkung hat und es nur eine Glaubensgeschichte ist?«, und schon sind wir beim Thema Religion angelangt.

Konstanze zitiert einen Satz, den ich vor Kurzem gesagt habe und der wohl einen bleibenden Eindruck hinterlassen hat: »Du hast einmal gesagt, dass dein verstorbener Freund Heinz dich sicher schon vermissen wird. Das glaube ich nicht. Es gibt kein Leben nach dem Tod. Man muss im Hier und Jetzt leben.« Natürlich ist mir klar, warum sie das sagt. Dennoch überrascht es mich, schließlich war Konstanze acht Jahre lang aktiv in der Kirche tätig. Sie hat mir auch erzählt, dass sie abends für mich betet. Warum dann noch beten, wenn da nichts ist? Kein Gott, der über uns wacht, kein Jenseits, das auf uns wartet? Ich kann und will ihre Meinung nicht teilen, auch wenn sie mich dabei nur von etwas Blödem abhalten will.

Nach so viel tiefsinnigen Gesprächen holen wir uns auf dem Nachhauseweg noch zwei Döner und essen dann zu Abend.

Tag 27

Montagmorgen 6:30 Uhr. Ich wache auf. Das Bett neben mir ist leer. Konstanze ist schon aufgestanden. Ich schlafe wieder ein. Wache wieder auf, meine Frau verabschiedet sich. Mir ist etwas kalt, ich friere, decke mich zu und fange an, leicht zu schwitzen. Nach kurzem Gedankenspiel stehe ich um 8:43 Uhr wie gewohnt schnell auf. Mache alles wie immer, aber noch schneller. Statt Radio höre ich heute eine CD von Lea an. Ein Wohlgefühl, das ich heute zulasse. Umgeben von einem Herz-Schmerz-Gesang, setze ich mich wieder auf die Couch und schreibe.

Heute möchte ich noch joggen gehen, darum ziehe ich mich um. Bevor ich loslaufe, checke ich noch mal die E-Mails auf meinem Geschäftshandy. Mittlerweile rechne ich nicht mehr damit, dass jemand schreibt. »Mist«, denke ich, »im Chatverlauf wird angezeigt, dass Micha, ein Kollege, mich angerufen und angeschrieben hat.« Wir haben gemeinsam neu angefangen, sind ungefähr gleich alt und konnten uns auf Anhieb gut leiden. Darum möchte ich sie nicht unbeantwortet lassen und schreibe zurück: »Sorry, dass ich mich nicht melde, es geht mir leider nicht so gut, und es braucht noch etwas Zeit.« Ich drücke schnell auf »Senden« und mache mich auf den Weg.

Ich überlege noch kurz, wie ich mich am besten aus dem Haus schleichen kann, und nehme dann doch den direkten Weg. Alles andere wäre zu auffällig gewesen. Ich laufe schnell los, schaue mich nicht um. Nur schnell weg hier! Auf dem freien Feld, bei den Äckern, fühle ich mich wie befreit. Mein Tempo wird langsamer und langsamer, bis ich schließlich gehe. Die Sonne scheint und wärmt mich. Ich atme tief durch. Kleinigkeiten fallen mir auf, die mir zuvor nie aufgefallen sind. Ein Weg durch die Äcker, den ich noch nie bewusst wahrgenommen habe. Ich sammle mich, jogge einen steilen Hügel hoch, bis ich im Schutz des Waldes verschwinde. Dann verlässt mich meine Kraft und Motivation, ich gehe wieder. Körper und Geist scheinen komplett erschöpft zu sein. Von Joggen ist jetzt keine Rede mehr, das Ganze gleicht jetzt einem lockeren Spaziergang durch den Wald. Ich erinnere mich an eine Sendung, die ich vor Kurzem gesehen habe. Eine Studie, die zeigen sollte, mit welchen Körperteilen man Gefühle verbindet. Glück fühlt man im ganzen Körper, eine Depression in Armen und Beinen. Heute konnte ich das bestätigen: Nie zuvor fühlten sich meine

Arme und Beine so schwer an. Bei einer Bank mit herrlichem Rundumblick setze ich mich und sauge die Sonne in mich auf. Sitzen und genießen, nichts tun, nur schauen. Für einen, der ständig in Bewegung ist, undenkbar, und doch tut es so gut. Nach 15 Minuten werde ich von einem Rentner abgelöst und jogge erst mal wieder, bis ich außer Sichtweite bin und mich wieder zu gehen traue.

Zu Hause angekommen, dusche ich schnell, bringe dann den Grünschnitt weg und gehe einkaufen. Dinge, die ich vor zwei Wochen noch nicht gemacht hätte. Danach schaue ich noch mal, was wohl mein Kollege geantwortet haben mag. Ich bin erstaunt.

Er fragt:»Was, du bist krank?«

Und ich schreibe zurück:»Ja, ich bin krank.« Anscheinend hat sich das noch nicht herumgesprochen. Danach habe ich nichts mehr von ihm gehört.

Gegen Abend geht es mir immer besser, und bin auch motivierter. Meine Frau Konstanze kommt montags immer spät von der Arbeit nach Hause. In fast schon eingeübter Routine lege ich davor noch die Wäsche zusammen und koche anschließend Essen, sodass, wenn meine Frau eintrifft, der Haushalt bereits erledigt ist – was sie dann auch immer sichtlich erfreut. Na ja, zumindest kann ich es nun einem Menschen in meinem Leben recht machen, wenn schon nicht mir selbst.

Tag 28

Dienstagmorgen. Ich wache auf und denke: »Mist, schon 8:30 Uhr.« Heute habe ich keine Zeit zum Nachdenken. Um 11:00 Uhr habe ich einen Termin, auf den ich schon seit vier Wochen warte. Bei Dr. Thomas Mann, einem Psychiater. Schnell wie immer mache ich mich fertig. Checke noch mal meine Nachrichten. Geschäftlich ist keine eingegangen. Das irritiert mich. Wahrscheinlich haben sie mich jetzt blockiert. Egal, keine Zeit zum Nachdenken. Auf der Autobahn ist Stau, und ich muss jetzt los. Ich habe noch Zeit und fahre über die Landstraße, das Navi weist mir den Weg zum Ziel.

Geschafft, ich stehe vor einer Gemeinschaftsklinik am Eingang, wo ein großes Schild mit Namen aller praktizierenden Ärzten platziert ist. Die Anmeldung ist im ersten Stock. Ich lege meine Überweisung vor und erhalte im Gegenzug zwei Formulare, die ich mitnehmen und ausfüllen soll. Die Assistentin schickt mich zwei Türen weiter in einen kleinen Wartebereich. Dort fülle ich nervös die beiden Fragebögen aus, wer ich bin, woran ich leide, welche Tabletten ich seit wann nehme und wie viel und was ich mir erhoffe. Meine Schrift wirkt unleserlich.

Um Punkt 11:00 Uhr werde ich vom Psychiater Thomas Mann überaus freundlich begrüßt und in sein Sprechzimmer hineingebeten. Ich spüre sofort seine positive Aura. Meine Anspannung legt sich und wandelt sich in ein angenehmes Gefühl. »So, schauen wir mal.« Er überfliegt meinen Fragebogen und kommt dann ins Gespräch. Strukturiert wie bei einem Vorstellungsgespräch wandelt er zuerst durch mein Leben.

Angefangen bei meinen Eltern. Ob sie noch leben, wie das Verhältnis zu ihnen gewesen sei und welche Krankheiten sie gehabt hätten. Ich erzähle von meinem Vater, der an den Spätfolgen seines Alkoholleidens mit 58 Jahren früh verstorben ist, und von meiner Mutter, die erst vor zwei Jahren im Alter von 84 Jahren dement verstarb. Ich will nichts verschweigen und füge noch hinzu, dass meine Mutter in jungen Jahren in psychiatrischer Behandlung gewesen sei, ich aber noch zu klein gewesen sei, um es zu verstehen. Ich merke, wie klischeehaft sich das Ganze wohl anhören muss, waren die beiden doch weit mehr für mich gewesen. Mein Vater, der mir stets geholfen und das Haus umgebaut hat, und meine Mutter, die sich immer liebevoll um meine Kinder kümmerte – und jetzt reduziere ich sie auf »Alkoholiker« und »psychisch krank«. Wie beschämend das wohl wäre, wenn sie jetzt hier wären und mich hören könnten! Um das Bild meiner kranken Familie abzurunden, erzähle ich noch von meinem Bruder, der ja ebenfalls unter Depressionen leidet und immer noch Tabletten dagegen nimmt. Das scheint Herrn Mann besonders zu interessieren, und er will nun wissen, welche, was ich aber leider nicht beantworten kann.

Dann kommt meine Familie dran. Ob ich verheiratet sei, Kinder hätte, wie alt sie seien und ob sie noch daheim wohnen würden. Auch hier lasse ich nichts unerwähnt und füge gleich hinzu, wie toll sich meine Familie um mich gekümmert habe. Meine Frau, die mir in schwierigen Zeiten stets Rückhalt gegeben habe, und meine Kinder, die mit viel Verständnis auf meine Erkrankung reagiert hätten. Ich merke, dass ihn das sichtlich freut. Es folgen Fragen zum Finanziellen. Ob ich verschuldet sei oder sonstige Verpflichtungen hätte, was zum

Glück nicht der Fall ist, und ob meine Frau arbeitet, was sie ja auch tut.

Weiter geht es mit meinem schulischen Werdegang. Warum er das nun abfragt, erschließt sich mir nicht ganz. Kann man daraus etwa Rückschlüsse ziehen, welche Personengruppen öfters an einer Depression erkranken? Schützt ein höherer Bildungsweg vor einer Depression, oder ist es eher besser, nicht ganz so schlau zu sein? Egal, ich erzähle ihm, dass ich nach der Mittleren Reife eine Lehre gemacht hätte, was zu meiner Zeit schon echt gut gewesen sei, und anschließend eine Weiterbildung zum Techniker. Studieren war nie ein Thema, hätte sich meine Familie auch nicht leisten können.

Dann mein beruflicher Werdegang. Um im Vorfeld gleich aufzuzeigen, was für ein bodenständiger Mensch ich bin, schicke ich voraus, dass ich eigentlich kein wechselfreudiger Mitarbeiter sei und zwei langjährige Jobs gehabt hätte. Die erste Hälfte meines Berufslebens arbeitete ich 18 Jahre lang in der Produktion im Bereich Mikroelektronik und die zweite dann 16 Jahre lang bei einem Elektronikfertiger im Vertrieb. Meine damaligen Berufswechsel kamen nur zustande, weil Firmen verlagert oder ganz geschlossen wurden. Ich bin also ein sehr treuer Mitarbeiter – meine beiden letzten schnellen Jobwechsel mal ausgenommen.

Nachdem er mein soziales und berufliches Umfeld nun abgeprüft hat, merke ich, dass er nun in die Tiefe gehen will. »Erzählen Sie mir bitte mehr zu Ihrem Krankheitsverlauf«, was ich natürlich mache.

»Angefangen hat das Ganze mit Schlafstörungen vor ca.

acht Jahren. Ich habe ein wichtiges Projekt übertragen bekommen, dem ich nicht gewachsen war. Die Spirale hat sich dann immer schneller nach unten gedreht. Mein Arzt hat mir dann ein Antidepressivum verschrieben, das ich seitdem einnehme. Nachts konnte ich dann zwar wieder schlafen, doch so richtig gut ging es mir dabei nicht. Für meine Familie habe ich einfach weitergemacht und durchgehalten. Nach der Teilschließung meiner Firma habe ich dann kurz hintereinander zweimal die Stelle gewechselt.

In meiner jetzigen Firma bin ich aktuell noch in der Probezeit, was mich natürlich zusätzlich belastet, und der Druck ist leider auch nicht weniger geworden. Ich habe versucht, durchzuhalten, doch meine Ängste wurden immer größer, konnte nachts wieder nicht schlafen und bin morgens schweißnass gewesen. Mitte Februar konnte ich einfach nicht mehr, bin zum Arzt gegangen und seitdem krankgeschrieben. Jetzt weiß ich, ehrlich gesagt, nicht, wie es weitergehen soll. Ich bin eigentlich ein sehr pflichtbewusster Mensch, und Fehler suche ich stets bei mir selbst und nicht bei anderen.«

Er fügt hinzu: »Solche Menschen sind immer sehr beliebt bei anderen.«

Natürlich hat er recht. Wer ist schon gern mit Menschen zusammen, die einen ständig kritisieren? Ich füge noch schnell hinzu: »Natürlich habe ich auch jede Menge Humor, auch wenn es aktuell nicht wirklich danach aussieht«, und er lacht.

Dann stellt Herr Mann die Frage aller Fragen, die bei einer Depression anscheinend zum Pflichtprogramm gehören: »Haben Sie auch Suizidgedanken?«

Ich drücke mich vorsichtig aus: »Solche Gedanken hat doch jeder mal … alles hinter sich zu lassen.« Um jeglicher Nachfrage zuvorzukommen rudere ich schnell zurück:»Aber nein, konkrete Selbstmordgedanken habe ich nicht.«

Nun folgt eine Frage, mit der ich wirklich nicht gerechnet hätte:»Glauben Sie an Schicksal?«
Ich überlege nicht lang:»Ja, ich glaube an Schicksal. Im Leben sind mir schon Dinge passiert, die mich glauben lassen.« Er fügt hinzu:»Sie sind also ein gläubiger Mensch, aber wahrscheinlich kein Kirchgänger.«
»Nein, ein regelmäßiger Kirchgänger bin ich wirklich nicht.«
Dann holt er weiter aus:»Ich finde es gut, wenn Sie gläubig sind – ich bin es übrigens auch. Der Glaube kann einem in schwierigen Zeiten Kraft und Halt geben.«
Seine Ehrlichkeit überrascht, und ich füge hinzu:»Wenn wir Menschen an nichts glauben, wofür lohnt es sich dann noch zu leben?«
Er gibt mir recht. Wir philosophieren dann noch über Gott und die Welt und über den Sinn des Lebens, was ich, ehrlich gesagt, von einem Psychiater nicht erwartet hätte.

Dann kommt er auf meinen Job zu sprechen:»So, wie ich das sehe, waren Ihre Stellenwechsel eine Art Flucht, die Hoffnung nach Erleichterung, was ich gut verstehen kann. Den Stress, den Sie jahrelang mitgemacht haben, Ängste und Sorgen, die Sie verstecken mussten: Sicherlich war das alles sehr schwer für Sie. Sie arbeiten jetzt schon 40 Jahre ohne Unterbrechung, einen Zeitraum den ich nie mehr schaffen werde.« Dabei lacht er etwas.»Jetzt müssen Sie erst mal an sich denken, Abstand gewinnen und sich die Zeit nehmen, um wieder gesund zu werden.«

»Andere oder stärkere Medikament brauchen Sie nicht. Die, die Sie bereits nehmen, sind schon ausreichend und auch gut verträglich. Das Mirtazapin hilft beim Schlafen, allerdings hat man keine wirklich schönen Träume.«

Ich gebe ihm recht:»Meist versuche ich im Schlaf, Probleme von der Arbeit zu lösen.«

Er nickt bestätigend und meint:»Ja, das Gehirn lässt sich nicht einfach ausschalten«, und führt weiter aus:»Das Escitalopram, das Sie jetzt neu nehmen, ist auch gut verträglich, es kann aber zu Erektionsverzögerungen führen.«

»Na ja, ist ja auch nicht gerade so toll«, denke ich.

»Ansonsten sind die Medikamente aber gut verträglich und nicht besonders stark. Da gibt es härtere Hämmer, die brauchen Sie aber nicht. Eine begleitende ambulante Behandlung oder eine Psychotherapie ist auf jeden Fall hilfreich, eine stationäre Behandlung für Schwerstkranke sehe ich bei Ihnen nicht.«

Das beruhigt mich, und ich muss an die Ärztin in der Psychiatrie denken, die hatte dies vor zwei Wochen noch anders gesehen.

Er führt weiter aus:»So, wie ich Sie nach dem heutigen Gespräch einschätze, weiß ich, dass Sie Ihren Weg finden werden, es bedarf dafür nur einiger Zeit. Ich werde Ihrer Ärztin einen Brief schreiben, dass man Sie noch weiterhin krankschreibt.«
An meinem Gesichtsausdruck merkt er meine Verunsicherung.
»Wollen Sie jetzt wirklich schon zurück?«

»Nein, das will ich nicht«, sage ich ganz klar.

»Es kann schon sein, dass man Sie entlässt – Sie sind doch erst mal abgesichert. Nach sechs Wochen Krankschreibung können Sie bis zu 18 Monate Krankengeld von der gesetzlichen Versicherung erhalten, und ich bin mir sicher, dass Sie bis dahin für sich eine Lösung gefunden haben. Wichtig ist, dass

Sie sich zu Hause eine Struktur schaffen und Ihren Tagesablauf gestalten.« Er nimmt ein kleines Post-it und schreibt fünf kurze Stichpunkte darauf: »Pflicht«, »Sport«, »Soziales«, »Genuss«, »Sinn«, die er mir dann noch kurz erklärt und die ich auf meinen Alltag abbilde.

Pflicht: Aufstehen, waschen, frühstücken, einkaufen und Alltagsdinge erledigen, fällt mir schwer, mache ich aber.

Sport: Ist für mich schon immer wichtig und jetzt umso wichtiger, aber rausgehen fällt mir noch schwer.

Soziales: Gespräche mit der Familie und zukünftig mehr mit meinem Bekanntenkreis.

Genuss: Sich mit gutem Essen belohnen oder einen Film schauen … Mache ich mit Konstanze jeden Abend.

Sinn: Seine Gedanken aufschreiben, was ich gerade mache, und mal wieder kreativ bei einem Film zu sein.

Unglaublich, wie das alles auf mich passt und wie gut der Psychiater mich in so kurzer Zeit so gut einschätzen konnte! Das sage ich ihm auch: »Ich finde, das war eines der besten Gespräche, das ich seit Langem geführt habe. Schade, dass Sie keine Therapie anbieten.«

Das freut ihn, und er fragt verwundert zurück: »Haben Sie keine Freunde, mit denen Sie solche Themen besprechen können?«

Ich gebe keine Antwort.

»Sollten Sie noch mal einen Termin bei mir benötigen, können Sie jederzeit anrufen.« Dann greift er hinter sich und gibt mir ein Buch: »Ein Ratgeber der Sie im Glauben bestärken soll.« Wir verabschieden uns, und er klopft mir beim Hinausgehen zweimal auf die Schulter.

Ich muss zugeben, ich war von dem Gespräch zutiefst beeindruckt, obwohl es nur 45 Minuten dauerte. Zufrieden und erleichtert trete ich die Heimfahrt an.

Sophie ist zu Hause und am Putzen, was mich erst mal verwundert, weil sie das normalerweise nie macht. Wahrscheinlich hat es ihr Konstanze aufgetragen. Der Platz zur Couch ist erst mal versperrt durch einen Staubsauger. Nach einer Weile kehrt wieder Ruhe ein, und der Weg zu meinem Lieblingsplatz ist wieder frei. Ich mache es mir wieder bequem und fange an zu schreiben. Die Zeit vergeht nun wie im Flug, und Konstanze kommt zurück von der Arbeit. Sie setzt sich neben mich, und ich erzähle ihr von meinem tollen Gespräch mit Herrn Mann. Sie freut sich, dass es bei mir so gut gelaufen ist, doch ihrem Gesichtsausdruck ist anzusehen, dass es bei ihr heute im Geschäft nicht so toll lief, und sie fängt an zu erzählen.

»Stell dir vor, eine Kollegin hat mir heute einen Teil ihrer Arbeit delegiert. Da ich ja neu bin, konnte ich nicht widersprechen. Dennoch schaffe ich es zeitlich selber kaum, was mich wirklich ärgert.« Da ich darauf nicht sofort reagiere, da ich das heute Erlebte noch verarbeiten muss, meint sie nur: »Es ist sicher schwierig, sich in meine Situation hineinzuversetzen.«

Den Satz finde ich dann doch irgendwie schräg. »Nein, ist es nicht«, sage ich mit Nachdruck und füge vorwurfsvoll hinzu: »Als ob ich das nicht alles kennen würde!« Dann folgt eine längere Gesprächspause.

Da wir beide Hunger haben und solche Gespräche dann meist nicht gut enden, beschließen wir, hier zu unterbrechen und zum Imbiss zu fahren, um zwei halbe Hähnchen zu holen, wie wir das dienstags halt immer tun. Auf der Fahrt dorthin nimmt sie den Gesprächsfaden wieder auf und erinnert mich an meine schnippische Bemerkung von vorher und fügt hinzu: »Man merkt, dass es dir schon wieder besser geht. Vor ein paar Wochen hättest du das so noch nicht gesagt.«

Ich widerspreche jetzt besser nicht und überlege, ob sie das nun gut oder schlecht findet.

Tag 29

Mittwochmorgen. Ich werde um 8:00 Uhr vom Wecker geweckt, den ich tags zuvor gestellt habe. Mein Bruder hat gestern angerufen. Er will heute gegen 9:00 Uhr vorbeikommen und mich zu einem Spaziergang mit dem Hund mitnehmen. Ich beeile mich und frühstücke schnell, nehme die Pille und checke dann noch meine Nachrichten. Geschäftlich nicht viel Neues, aber privat.

Ein ehemaliger Kollege hat in die WhatsApp-Gruppe »Helden der Arbeit« geschrieben, dass wir uns mal wieder treffen sollten, am besten Donnerstag in einer Woche. Ich bin ratlos, was ich schreiben soll, und schreibe erst mal nichts. Dann folgt eine Nachricht von meiner guten Bekannten Melli, die von Konstanze über meine Erkrankung bereits informiert wurde: »Bist du schon wach? Soll ich vorbeikommen? Wir können auch spazieren gehen.«

Da ich heute schon verplant bin, schreibe ich nur kurz: »Ein andermal gerne, heute holt mich mein Bruder zum Laufen ab.« Ich habe nicht mehr viel Zeit zum Nachdenken, denn draußen an der Tür klingelt es bereits.

Mein Bruder ist schon früher da. Ich mache mich schnell fertig, und wir laufen los. Mein erster Gedanke: »Was wohl die Nachbarn denken, wenn sie uns gemeinsam laufen sehen?« Mein zweiter Gedanke: »Egal, die Sonne scheint so schön, und ich genieße es.«

Beim Laufen erzählt er mir noch mal ausführlich von seiner Krankheitsgeschichte und macht mir dann Mut. »Du wirst es schaffen. Auch wenn sie dich entlassen werden, findest du sicher schnell wieder einen neuen Job. Fachleute wie du sind doch gefragt.«

Sicherlich hat er recht, auch wenn ich es im Moment nicht wirklich glauben kann. Wir sprechen über meine Radtouren.

»Mensch, Bruder, was du da gefahren bist, an einem Tag an den Lago Maggiore oder auch an den Gardasee, das war doch verrückt!«, und er lacht dabei.

»Ja«, sage ich und kann es selbst kaum mehr glauben, dass ich das wirklich getan habe. Es kommt mir jetzt so unwirklich vor. So lange her! Doch damals habe ich mir keine großen Gedanken darüber gemacht, da war ich so sorglos. Ich habe es auch nie in Zweifel gezogen, es schaffen zu können.

Als ich zu den Langstreckenfahrten aufgebrochen bin, habe ich immer in kleinen Schritten gedacht.

Das erste Ziel war es, die 300-km-Marke zu knacken. Als ich das erreicht hatte, dachte ich: »Komm, über die Alpen schaffst du das doch auch noch.« Nach dem Pass erfolgte eine lange Abfahrt, und die 400-km-Marke wurde so ganz nebenbei einkassiert. Die letzten Kilometer waren dann noch mal richtig anstrengend, doch mit der Gewissheit, schon so weit gekommen zu sein, und voller Euphorie habe ich dann auch noch die 500-kmMarke geschafft. Ich überlege, ob es bei einer Depression nicht genauso ist: sich erst mal kleine Ziele zu stecken, nicht zu viel von sich selbst zu erwarten. Froh darüber zu sein, etwas Kleines geschafft zu haben, Selbstvertrauen zu tanken, um sich am Schluss wieder besser zu fühlen.

»Was hätte alles passieren können!«, meint mein Bruder.

»Na ja«, sage ich, »es ist ja nichts passiert«, und lache dabei.

Wir laufen jetzt über eine Wiese, hoch zu einem Aussichtspunkt. Dort bleiben wir stehen und genießen die Sonne und den tollen Rundumblick. Ein super Moment, den ich abspeichere, bevor wir wieder zurück ins Dorf laufen. Wir beschließen, noch das Grab unserer Eltern zu besuchen. Das Thema Grabpflege steht wie immer im Vordergrund. Dann reden wir über die gemeinsame Zeit mit unserer Mutter, die nicht immer einfach war. Sie war am Schluss dement, und wir haben sie gemeinsam zu Hause bis zu ihrem Tod gepflegt. Eine schwierige Zeit, die uns noch enger zusammengeschweißt hat. Wir laufen noch ein Stück, und im Ortskern verabschieden wir uns dann. Er muss heute Mittag noch zur Arbeit und ich zurück auf meine Couch.

Zu Hause fange ich wieder an zu schreiben. Gegen Mittag beschließe ich, noch eine virtuelle Runde Rad zu fahren. Danach nehme ich eine warme Dusche. Mir fällt ein, dass ich noch einen Anruf offen habe. Das Sekretariat beim DPG-Institut in Stuttgart hatte mich ja wegen eines eventuell frei werdenden Beratungstermins auf diese Woche vertröstet. Im Gegensatz zur letzten Woche komme ich diesmal sofort durch, womit ich nicht gerechnet habe. Letzte Woche habe ich es bestimmt fünfmal probiert. Heute geht alles besser und schneller, und welch ein Wunder: Ich bekomme auch noch einen Termin. Es scheint fast schon alles perfekt zu sein.

Doch dann werde ich aus meinem rosaroten Traum gerissen. Das Telefon klingelt, und ich spüre, dass ich rangehen muss. Ich melde mich, niemand dran, warte noch ein wenig und lege wieder auf. Kurze Zeit später klingelt es wieder, diesmal wird eine Handynummer angezeigt. Wieder gehe ich ran und melde mich. Eine angenehme Stimme ist dran.

»Hallo, hier ist die Leni. Wie geht es dir?«

Ich stocke, am Telefon ist die Assistentin meines Chefs. Sie ist eine nette junge Frau, und wir haben uns von Anfang an ganz gut verstanden. Ich sage nur:»Die letzten Wochen waren echt schwierig für mich«, füge aber gleich hinzu:»Es wird von Tag zu Tag besser.«

Sie merkt, dass mir das Gespräch unangenehm ist, und kommt nun direkt zum Punkt:»Die Frau Lehmann vom Personalbüro hat ja schon mit dir gesprochen. Sie hat uns erzählt, dass du bereits einen Reha-Antrag gestellt hast. Herr Ancelotti möchte nun gerne wissen, wie es weitergehen soll.«

Ich bin überrascht, dass Frau Lehmann mit meinem Chef über meinen Reha-Antrag gesprochen hat, schließlich war es ja ein vertrauliches Gespräch. Meine Befürchtung, dass sie mir nicht helfen, sondern nur kontrollieren wollte, finde ich jetzt bestätigt.

Leni fragt mich nun direkt:»Kannst du bitte nächsten Mittwoch um 14:00 Uhr zu einem Gespräch in die Firma kommen?«

Ich sage nur:»Prinzipiell wäre das natürlich möglich.« Also bestätige ich den Termin und die Uhrzeit. Ich frage nach:»Wo soll ich hinkommen?«

Mit einem gefühlten Lächeln sagt sie dann:»Am besten treffen wir uns am Empfang, wie bei einem Vorstellungsgespräch.«

»Okay«, sage ich. Wir verabschieden uns. Ich lege auf. Bin

wie gelähmt. Fühle mich verraten, hintergangen, und mir wird klar, dass jetzt wohl das Finale eingeläutet wird.

Ich höre meine Tochter Sophie an der Tür: »Hoi, Papa, alles klar?«

»Leider nein«, sage ich und fange an zu erzählen: »Gerade hat mich meine Firma angerufen und zu einem Gespräch eingeladen.«

Ausführlich erzähle ich noch mal alles und auch das mit der Gesundheitsmanagerin.

»Das war echt nicht okay«, meint Sophie und beruhigt mich: »Irgendwann hättest du sowieso mit deinem Chef reden müssen.« Da hat sie natürlich recht. »Und wenn du willst, fahre ich dich auch hin.«

»Das ist echt nett von dir«, sage ich, »aber da muss ich wohl alleine durch.«

Meine Frau kommt nach Hause. Ich fange an zu kochen. Sie hatte heute Schulung und sollte parallel noch etwas für ihre Chefin erledigen. Ihr ist heute alles zu viel, ich lasse sie erzählen und mit meinen Sorgen in Ruhe.

Tag 30

Donnerstagmorgen. Ich wache früh auf. Meine Frau liegt neben mir. Ich döse noch vor mich hin, bin in Gedanken und schon beim Gesprächstermin mit meinem Chef. Das macht mir Angst. Was soll ich ihm sagen? Wie soll ich mich erklären? Wird man mir Vorwürfe machen? Und ob ich das alles verkrafte? Nach dem Gespräch wird man mich sicher feuern.

Meine Frau unterbricht mein Rollenspiel. Sie hat kurz auf den Wecker geschaut und festgestellt, dass er aus ist. »Die haben uns tatsächlich den Strom abgedreht. Mist, jetzt können wir nicht mal einen Kaffee machen.« Es ist jetzt nicht so, als hätten wir davon nichts gewusst oder sogar die Rechnung nicht bezahlt, nein – der Stromversorger hatte uns vor ein paar Tagen angeschrieben, dass zwischen 8:00 bis 13:00 Uhr Bauarbeiten stattfänden und vorübergehend die Stromversorgung unterbrochen werde. Da Konstanze nicht auf ihren Kaffee verzichten will, fährt sie kurz zum Bäcker und holt uns zwei Kaffee to go.

Beim Frühstück reden wir vor allem über ihren Job, wie hart und ungerecht doch das Berufsleben sei. Von ihrer gestrigen Schulung zum Thema Zeitmanagement und darüber, dass Personalmangel nicht durch strukturiertes Arbeiten ausgeglichen werden könne. Von Chefs, die keine seien, und Kollegen, die auch mal blöd sein könnten. »Ist doch überall das Gleiche«, sage ich. »In jeder Firma gibt es die Motivierten, Engagierten und Fleißigen, aber auch diejenigen, die es eben nicht sind.« Wir sprechen von guten Chefs und schlechten, Stress, den es bekanntlich in jeder Firma gibt, egal was man verdient.

»Stress muss nicht immer schlecht sein«, sage ich, »beim Stress muss man halt unterscheiden. Wenn Aufgaben dauerhaft nicht erreichbar sind und stets Druck herrscht, wird aus positivem Stress ein negativer, der zur Überlastung führt oder wie in meinem Fall zu einer Depression.«

Ich komme auf meinen jetzigen Arbeitgeber zu sprechen. »Ich fühle mich dort einfach nicht wohl und komme mir irgendwie verloren vor. Es kümmert sich auch niemand um mich, und dann noch die hohe Erwartungshaltung, die meiner Firma und meine eigene, die noch viel größer ist. Und jetzt sitze ich hier zu Hause.«

Meine Frau pflichtet mir bei und meint:»Ich möchte nicht, dass du zurückgehst, es wird sonst alles wieder genau gleich.« Sie hat natürlich recht und fügt hinzu:»Versteh mich nicht falsch, aber aktuell versteckst du dich zu Hause, was auch nicht gut ist. Geh raus, suche das Gespräch mit anderen.«

»Okay«, denke ich,»alles nicht so einfach, aber nächste Woche habe ich ja genug Gelegenheit dazu.«

Da heute so schön die Sonne scheint und es um die zehn Grad hat, geht Konstanze joggen, und ich beschließe, draußen Rad zu fahren, raus aus dem Schutz meiner virtuellen Welt und rein in die reale. Schon beim Losfahren merke ich, wie mir ein starker kalter Wind entgegenbläst. Ich komme nicht wirklich in Tritt. Wie schon beim Joggen fühle ich mich innerlich müde, und meine Beine sind schwer. Meine Hausrunde, die über die Alb führt, kostet mich einiges an Energie. Das Bergauffahren fällt mir heute doppelt schwer, und es fühlt sich an wie ein sehr anstrengender Pass, obwohl die Steigung mit sieben Prozent noch moderat ist. Zum Schluss wird es besser. Es geht die Alb runter, und ich habe Rückenwind. Nach 45 km bin ich wieder zu Hause und lade die aufgezeichnete Strecke auf der Radler-App Strava hoch, natürlich nur privat und nicht öffentlich, bin ja schließlich krank, und es soll ja keiner sehen, dass ich Rad fahre. Außerdem war mein Schnitt von 23,5 km/h nicht wirklich gut und so langsam wie lange nicht mehr. Es ist sicher besser, wenn meine Abonnenten das nicht sehen, die würden das vielleicht nur blöd kommentieren. Bei dem Gedanken ertappe ich mich: dass mein sportlicher Ehrgeiz wieder erwacht ist.

Ich setze mich auf die Couch und ruhe mich erst mal wieder aus.

Nach dem Duschen machen wir gemeinsam Abendessen. Sophie kommt nach Hause, und wir essen zu dritt. Ich erzähle Sophie, dass ich heute Konstanze ebenfalls aus dem Tagebuch das Kapitel aus der Psychiatrie vorgelesen hätte.

Sophie fragt gespannt:»Na, hast du es auch so gut gefunden wie ich?«

Meine Frau ist da weniger überschwänglich:»Ja ist nicht schlecht«, und fügt gleich hinzu:»Ich hoffe, du schreibst nicht alles auf, was wir hier reden.«

»Nein«, sage ich mit einem Augenzwinkern,»natürlich nicht.« Da wir schon beim Thema Psychiatrie sind, gehe ich noch mal in die Tiefe und erzähle von den Schizophrenen, die auf meiner Station waren. Ich hatte ja jetzt genug Gelegenheit, einiges darüber nachzulesen, und gebe mein Wissen gerne weiter.»Schizophrene sagen ja, dass sie Stimmen hören, und die hören sie wirklich. Das Gehirn gaukelt es ihnen vor – bei Erkrankten wurden Untersuchungen im Sprachzentrum des Gehirns gemacht, und man hat dabei festgestellt, dass das Sprachzentrum aktiv war, obwohl sie nicht gesprochen haben. Echt crazy und gefährlich, wenn innere Stimmen zu Gewalttaten oder sogar zum eigenen Suizid aufrufen.«

Sophie weiß dann noch interessantes von einem Bekannten zu berichten:»Der Mad hat auch schon Stimmen gehört und leidet ebenfalls unter Depressionen. Er nimmt jetzt Tabletten, wo neue Synapsen im Gehirn gebildet werden.«

»Mit Synapsen im Gehirn hat das zwar schon was zu tun, aber anders«, sage ich. Auch hier gebe ich gerne mein nachgeschlagenes Wissen weiter:»Da steht … ›Das meistverschriebene Antidepressivum Escitalopram gehört zur Wirkstoffgruppe der Serotonin-Wiederaufnahmehemmer – SSRI. Serotonin wird umgangssprachlich auch Glückshormon bezeichnet. Die Wirkung beim Escitalopram beruht auf der Inhibition der Wiederaufnahme von Serotonin in die Präsynapse. In der Folge steigt die Konzentration an Serotonin im synaptischen Spalt.‹ Kurz gesagt und weniger medizinisch erklärt: Es soll verhindert werden, dass das Serotonin im Gehirn zu schnell abgebaut wird, sodass man dadurch einfach glücklicher und weniger ängstlich ist. Wissen macht ja bekanntlich ›Ah!‹«

Nach so viel Fachsimpelei verabschiedet sich Sophie und geht zu ihrem Freund.

Konstanze und ich schauen heute Abend ihre Lieblingssendung »Germany's next Topmodel«.

Laut meinem Facharzt Herrn Mann soll man ja auch etwas für seine Sinne tun, wobei die Sendung eher sinnfrei ist.

Tag 31

Freitagmorgen. Ich wache auf. Meine Frau verabschiedet sich. Ich döse wieder ein. Um 8:00 Uhr klingelt der Wecker. Ich bin verwundert, den hatte ich doch gar nicht gestellt – oder vielleicht doch? Egal, gut, dass ich aufgewacht bin, hatte eh einen schlechten Traum. Es ging um Krokodile, die mich eingekreist hatten und fressen wollten, was ihnen aber zum Glück nicht gelungen ist, da ich immer wieder knapp entkommen konnte. Am Schluss wollte ich dann noch eines fangen und mit nach Hause nehmen, was aber echt schwierig war. Dann bin ich, Gott sei Dank, aufgewacht. »Blöder Traum«, denke ich. »Ein Psychologe hätte mit der Interpretation meines Traumes sicher seine Freude daran gehabt.« Zumindest ging es heute mal nicht um die Arbeit – oder etwa doch? Wie hat mein Psychiater so schön gesagt: Man kann mit Antidepressiva zwar schlafen, schöne Träume hat man dennoch nicht. Ich überlege, wann ich zuletzt einen schönen Traum gehabt hätte, sodass, wenn man aufwacht, gleich wieder einschlafen und weiterträumen will. Ist echt schon lange her. Dennoch fällt mir heute auf, dass meine Angstzustände morgens etwas weniger werden, na ja, mal ausgenommen der Traum von den Krokodilen. Ich bin motiviert, auch ohne Termin früh aufzustehen.

Wie immer arbeite ich zuerst das Pflichtprogramm ab: aufstehen, mich waschen, Spülmaschine ausräumen, Nachrichten checken, frühstücken, dann noch Wäsche zusammenlegen, die meine Frau mir hingestellt hat.»Okay«, denke ich, und»jetzt was für die Sinne.« Ich fange wieder an zu schreiben.

Etwas, was ich schon länger vor mir hergeschoben habe: Meine Ärztin hat mir ein Rezept verschrieben, das die Krankenkasse auch genehmigt hat. Ich melde mich auf der Internetseite an, fülle einen ersten Fragebogen aus und starte mit der ersten Woche. Als Erstes folgt ein einleitendes sechsminütiges Video. Herr Dr. Flott, ein gut aussehender, streng wirkender Kommentator um die 50, erläutert kurz, was das Ziel dieses Kurses sei. Von einem Depressiven mal kurz zusammengefasst: Kranke dem Arbeitsmarkt so schnell wie möglich rückzuführen. Sätze wie»Ein Depressiver fühlt sich wohl in seiner Rolle« und »Eine Berufsunfähigkeit kann sich heute keiner mehr leisten« bleiben bei mir hängen. Dinge, die mir nicht helfen, sondern meine Angst noch verstärken. Nach dem ersten Video habe ich keine Lust mehr weiterzumachen, obwohl jetzt ein beruhigendes Lied folgen soll, das man nach der Einleitung sicher auch brauchen kann.

Nach Dr. Flott muss ich zuerst an die gestrigen Worte meiner Frau denken. Sie will mittags das Wohnzimmer putzen, und ich soll doch bitte meinen Stammplatz verlassen, was ich so interpretiere, dass ich nicht da sein soll. Da heute sowieso die Sonne scheint und Temperaturen um die 18 Grad herrschen, beschließe ich, draußen Rad zu fahren. Ich fahre zeitig los, da ich meiner Frau nicht mehr begegnen möchte. Um genügend Putzzeit zu ermöglichen, wähle ich eine längere Strecke und fahre in Summe 80 km, wofür ich ca. drei Stunden benötige und ich mich dabei richtig gut fühle.

Zurück zu Hause, ist niemand da. Meine Frau ist noch rüber zu ihren Eltern. Ich setze mich raus auf die Terrasse und belohne mich mit einem Weizenbier. Natürlich trinke ich nur ein leichtes, da Tabletten und Alkohol irgendwie nicht zusammenpassen. Meine Tochter Sophie, die gerade von der Arbeit zurück ist, setzt sich zu mir und erzählt vom heutigen Tag im Kindergarten und davon, was sich Merkwürdiges zugetragen habe: »Stell dir vor, heute habe ich mit ein paar Kindern einen Regenwurm beobachtet, und dann haben wir gemeinsam ein Lied für ihn gesungen. Plötzlich kam ein Kind dazu und hat den Wurm mit einem Stein totgeschlagen. Bei der Abholung habe ich der Mutter davon erzählt, die das Ganze ins Lächerliche gezogen und mit Unverständnis reagiert hat. Sie hat das Gespräch mit dem Satz beendet: ›War ja nur ein Wurm, mein Sohn hat schließlich keinen Menschen umgebracht.‹ Dennoch finde ich das nicht in Ordnung. Wie findest du das?«

»Na ja«, sage ich, »als Kind habe ich wohl auch den einen

oder anderen Wurm zerquetscht.« Dennoch, Sophie findet das bei einem kleinen Kind schon etwas irritierend. Dann muss sie los, da sie freitags auch noch Kinderturnen gibt.

Beim Rausgehen höre ich Sophie mit jemandem reden. An der Stimme erkenne ich meine gute Bekannte Melli. »Ist dein Papa da? Ich wollte ihn mal besuchen und fragen, wie es geht.« »Ja, der Papa ist da. Geh einfach durch, er sitzt draußen auf der Terrasse.«

Ich denke noch: »Mist, bin doch krank und sitze jetzt hier in voller Radlermontur und trinke gemütlich mein Weizenbier.« Ich will das Bier noch verstecken.

Doch zu spät: Melli steht bereits vor mir und fragt: »Hast du mir auch so ein leichtes Getränk?«, und meint natürlich eines mit Alkohol und lacht.

Ich bringe ihr eines, und sie setzt sich zu mir. Am Anfang komme ich kaum zu Wort, da Melli wie ein Wasserfall reden kann und ich erst mal froh darüber bin. Langsam kommen wir dann auf meine Erkrankung zu sprechen. Konstanze hatte ihr beim samstägigen Kaffeeplausch schon darüber berichtet, von meinen Schlafstörungen und Depressionen, ausgelöst durch meine Arbeit. Da Melli Krankenpflegerin ist, kann sie natürlich gute Ratschläge geben. Je mehr ich von meiner Gefühlswelt preisgebe, umso mehr öffnet auch sie sich. Dann erzählt sie von ihrem Sohn Jonathan, der eine ähnliche Krise durchlebt hat. Er hat zwei Ausbildungen angefangen und abgebrochen, bis jetzt wusste ich, nicht warum. »Ich musste ihn dort einfach rausnehmen.« Ein Satz, der mir so vertraut vorkam. »Das hat auch meine Ärztin zu mir gesagt.« Mit ernster Miene erzählt sie weiter: »Er hat immer wieder so Sätze fallen lassen wie, dass er

ein Versager sei und dass das Leben doch keinen Sinn habe.«
Das Ganze kommt mir so bekannt vor. Ihr Mann habe das zuerst abgetan und sei da weniger sensibel, doch sie habe die Warnsignale verstanden.

Ich sage: »Du hast alles richtig gemacht. Das Wichtigste war, dass er dir vertraut und du mit ihm darüber geredet hast.«

»Ja«, sagt sie, »ich habe gespürt, dass er Hilfe braucht. Er hat jetzt übrigens eine neue Lehre angefangen und fühlt sich glücklich dabei.«

Meine Gedanken schweifen kurz ab, hatte doch auch ich einen Neustart versucht, der leider in die Hose ging. Wie sich manche Dinge gleichen, ob man jung oder alt ist! Mir wird klar, dass es jeden treffen kann. Wir reden dann noch über alles Mögliche, Wichtiges und Unwichtiges, und darüber, was wir schon gemeinsam erlebt haben. Es ist ein richtig gutes Gespräch.

Als wir uns verabschieden, meint Melli noch: »Jetzt haben wir mehr über uns erfahren als bei den letzten Treffen an Geburtstagen oder auch an Silvester.«

Ich gebe ihr recht, habe ich doch heute zum ersten Mal seit Langem meine alte Freundin Melli wiedergetroffen, mit der ich früher längere Radtouren unternommen hatte, auf denen wir ähnlich vertraut geredet haben.

Nachdem Melli gegangen ist, kommen Konstanze und Sophie nach Hause. Konstanze ist etwas gestresst und hat Hunger. Ich mache schnell das Essen für uns drei.

Beim Abendessen erzählt sie mir von ihren Eltern: »Mein Vater war da und hat Holz gebracht, er hat mitbekommen, dass auch die Melli bei dir war.«

»Ich habe das gar nicht bemerkt«, sage ich schon entschuldigend, obwohl er sicher meine Hilfe gebraucht hätte.

Konstanze meint nur:»Typisch mein Vater. Er hätte ja auch klingeln können. Wollte mal wieder nicht stören. Dann darf er sich aber auch nicht beschweren.«

Im Nachhinein fällt mir ein, dass ich Geräusche gehört habe, diese aber nicht zuordnen konnte.

Sophie meint dann noch:»Das könnte auch ich gewesen sein, ich habe noch mit dem Nachbarn geredet:« Interessiert frage ich nach:»Hat er mitbekommen, dass ich zu Hause bin?«

Sophie meint nur:»Nö, darüber haben wir nicht geredet.«

Ich bin erleichtert und denke:»Gut, er hat noch nichts bemerkt.«

Nach so viel Sport und Reden bin ich erst mal müde und setze mich auf die Couch, um fernzuschauen. Ich bekomme nur am Rande mit, dass Konstanze und Sophie leise weiterreden, und höre noch den Satz fallen:»Papa wollte das nicht … Ich habe es jetzt gemacht.«

Ich werde neugierig und frage nach:»Was gemacht?«, erhalte aber keine Antwort und gebe noch mehr Druck hinter meine Frage:»Sag mir bitte, was du gemacht hast.«

Konstanze schluckt und kommt zu mir rüber:»Es geht um das Patenamt, ich habe heute in die WhatsApp-Gruppe geschrieben, dass ich das Patenamt niederlege.«

Ich bin schockiert und sprachlos.

Dann zeigt sie mir die Nachricht, worauf noch keine Rückmeldung erfolgt ist. Sie sagt:»Ich hatte heute Morgen das Verlangen, es zu schreiben.«

Ich frage:»Warum hast du das gemacht? Wir waren uns doch gestern einig, dass aktuell noch nicht der richtige Zeitpunkt dafür ist.«

Fast schon entschuldigend meint sie nur:»Wann ist schon

der richtige Zeitpunkt? Ich konnte einfach nicht anders.« Man muss wissen, dass Konstanze das Patenamt vor sechs Jahren von ihrer Freundin Cecilia übertragen bekommen hat. Der Kontakt war damals nicht mehr ganz so gut, wahrscheinlich sollte dies die Freundschaft neu beleben. Konstanze hatte sich dabei sehr geehrt gefühlt, da sie noch kein Patenamt innehatte. Ihre Schwester war aus der Kirche ausgetreten, und darum konnte sie es bei deren Kindern nicht werden. Über all die Jahre hat sie dann aber gemerkt, dass ihre Freundin nur das Pflichtprogramm abspulte. Im Mittelpunkt stand das Kind, Zwischenmenschliches, sprich, wie es uns gehe, blieb dabei auf der Strecke. Dazu kam jetzt noch, dass ihr Mann Egon, mit dem ich mich eigentlich gut verstand, in derselben Firma arbeitete, bei der ich neu angefangen hatte. Er war dort für Mitarbeiterschulungen zuständig, woran auch ich teilnehmen musste. Die Schulung war leider mit ein Grund, dass ich mich ziemlich abgehängt gefühlt habe. Bei der Schlussrunde musste jeder ein Statement abgeben, und ich habe so was gesagt wie:»Als Branchenfremder fand ich es nicht ganz so einfach und hätte mir die Aufteilung in Gruppen mit und ohne Vorkenntnisse gewünscht.« Egon sah das leider als Angriff auf seine Person an und entgegnete mir in die volle Runde:»Dein Sitznachbar hat gleich wie du angefangen und es doch auch verstanden.« Ich war wie vor den Kopf gestoßen und komplett enttäuscht. Wie konnte er so einen Satz bringen? Zu diesem Zeitpunkt hätte ich einen guten Freund gebraucht. Was ich stattdessen erhalten habe, war ein blöder Kollege. Konstanze habe ich natürlich davon erzählt, und es bestärkte sicherlich ihre Meinung. Allerdings wollte ich nicht der Grund dafür sein.

»Du bist es doch auch nicht, gib nicht immer dir die Schuld!«, sagt sie.

Ich widerspreche: »Es wird aber sicher so verstanden, da du in der Vergangenheit gegenüber Cecilia keinerlei Andeutungen gemacht hast. Nach dem Vorfall in der Firma wird man mir das in die Schuhe schieben.«

Das glaubt sie nicht und will wissen, warum ich mich sorge. »Du bist jetzt seit vier Wochen zu Hause – Egon muss das wissen, und keiner von beiden hat einmal nachgefragt, wie es dir oder mir geht.«

Natürlich hat sie recht, aber an ihrer Antwort merke ich auch, dass ihre Entscheidung sehr wohl mit mir zu tun hat.

Wir sprechen an diesem Abend dann nur noch wenig und schauen lieber wieder fern. So viel Ehrlichkeit auf einmal war mir heute zu viel.

Tag 32

Samstagmorgen. Ich wache gegen halb acht auf und muss an den gestrigen Tag und die geführten Gespräche denken wie auch an den Super-GAU mit dem Patenamt. Ich befürchte, dass mir nächste Woche Egon beim Gesprächstermin über den Weg laufen und mir Vorwürfe machen wird. Schon bin ich wieder gefangen in meiner Gedankenwelt und fange an zu schwitzen. Ich dachte, ich hätte es geschafft, doch das Erlebnis hat mich zurückgeworfen, und ich merke, wie es mich belastet.

Beim Frühstück reden wir noch mal darüber. In der WhatsApp-Gruppe »Die Paten« herrscht Funkstille. Konstanze meint noch »Auch gut«, doch eigentlich hat sie damit gerechnet, dass jemand schreiben würde oder Cecilia sie anriefe, aber keine

Reaktion. »Typisch Cecilia, die sitzt das jetzt aus«, womit gemeint ist, dass sie dazu einfach keinen Kommentar abgebe und das jetzt wohl erledigt sei.

»Blöd«, denke ich, »wenn nicht mehr darüber gesprochen wird, werden sie auf jeden Fall mir die Schuld geben.« Doch egal, wie die Schuldfrage auch ausgeht, ich bewundere meine Frau dafür, wie sie allen Widerständen zum Trotz das Ganze durchgezogen hat, bin ich doch der Typ Mensch, der niemanden verletzen, nicht anecken und es jedem recht machen will. Obwohl ich meine Frau anders eingeschätzt habe, hat sie mir eine Lehrstunde erteilt. Sie hat eine schwierige Entscheidung getroffen und bewusst Nein gesagt, damit es ihr selbst besser geht, auch wenn dies vielleicht bedeutet, dass sie andere Menschen damit enttäuscht oder sogar verletzt.

Ich setze mich wieder auf die Couch, schreibe und muss gleichzeitig das Erlebte verarbeiten.

Sobald ich es aufgeschrieben habe, geht es mir meist besser. Ist sicher auch eine Art, Erlebtes zu verarbeiten und loszulassen. Gegen Mittag habe ich mir vorgenommen, das vom Schwiegervater gebrachte Holz im Garten aufzustapeln und die Bäume zu schneiden. Beim Rausgehen klingelt das Telefon. Konstanze geht ran. Mein Freund Jan ist dran und möchte mit mir sprechen. Bevor ich rangehe, geht mir einiges durch den Kopf. Ob er wohl von meiner Erkrankung erfahren hat und jetzt darüber sprechen will?

Doch weit gefehlt, nach kurzer Begrüßung fragt er: »Hast du Lust zum Radfahren?«

Ich weiche aus, weil ich ja erst gestern gefahren bin, und sage: »Ich muss noch Bäume schneiden und das Holz von meinem Schwiegervater aufstapeln.«

Er ist hartnäckig und gibt nicht auf: »Kein Problem, dann schaue ich dir zu und warte, bis du fertig bist.«

»Okay«, sage ich grinsend, »dann bis gleich.« Ich bin jetzt etwas gestresst und fange mit dem Baumschnitt an, dabei werde ich von den Nachbarskindern staunend beobachtet. »Deren Eltern haben sicher einen Gärtner«, denke ich noch.

Konstanze kommt nach draußen und beginnt mit dem Aufstapeln des Holzes. Nachdem ich mit dem Schneiden fertig bin, helfe ich ihr dabei. Nach kurzer Zeit sind wir fertig. Ich gehe rein und verwandle mich vom Gärtner in einen Rennradprofi. Dann warte ich draußen.

Ein paar Minuten später biegt Jan mit seinem neu gekauften Rennrad in die Einfahrt ein, dass er mir mit Stolz präsentiert.

»Sieht gut aus«, sage ich und wir reden, wie Fahrradverrückte halt so reden.

Nachdem wir unsere Rennmaschinen analysiert und gebührend gefeiert haben, geht's los. Die ersten Kilometer fahren wir langsam nebeneinander her und reden miteinander, dann folgt eine längere Pause, und ich bin der Meinung, mich nun erklären zu müssen. »Du hast sicher schon gehört, dass ich seit vier Wochen zu Hause bin, es ging mir nicht so gut«, füge aber schnell hinzu: »Es geht mir schon wieder langsam besser.«

Daraufhin meint er nur: »Gut, wir müssen ja nicht so schnell fahren«, als ob meine Erkrankung eine körperliche Einschränkung mit sich bringen würde, was ja nicht der Fall ist. Eine gefühlt lange Pause folgt, und ich merke, dass er nicht weiß, wie er damit umgehen soll.

Dann folgt der Satz: »Die Mutter von Bea ist auch krank«, und so reden wir dann über seine Schwiegermutter und ihre schwere Erkrankung, was auch okay ist, da ich sie ja kenne.

Nach kurzer Einrollphase geht's die Alb hoch. Da Jan ein guter Bergfahrer ist, wird meine komplette Energie dafür benötigt. Oben angekommen, geht es dann leicht bergab, und wir nehmen Tempo auf. Vom langsamen Fahren ist jetzt keine Rede mehr. Schonung gibt es bei ihm nicht, was ich auch gut finde. Hier zählt nur das Jetzt und Hier. Ich versuche, in seinem Windschatten zu bleiben, was mir gerade noch so gelingt. Eine zweite, vom Verkehr abgelegene Albsteige wird jetzt in Angriff genommen. Die Straße berghoch führt vorbei an einer Grünmüllanlage und wird Samstagmittag gerne von Hobbygärtnern genutzt. Von hinten höre ich einen Traktor kommen und mache Platz. Als er vorbei ist, will ich wieder zu Jan aufschließen. Es folgt ein unerwartet lautes Hupen. Ein Autofahrer will sich schnell Platz verschaffen.

Ich erschrecke und schreie ihn an: »Du Arsch, musst du denn hupen!«

Der Fahrer fährt parallel auf, macht die Scheibe runter und beschimpft mich lautstark.

Ich will mich rechtfertigen und sage noch: »Das hier ist doch keine Hauptstraße!«

Doch der Fahrer lässt das nicht gelten und wettert weiter.

Ich deute mit einem Handzeichen an, dass er weiterfahren soll, was er aber nicht macht. Jetzt greift Jan ein: »Fahr endlich weiter, du Idiot!«, und belegt den Mann mit noch schlimmeren und lauteren Schimpfwörtern.

Zwei gegen einen zwingt den Fahrer dann zur Einsicht, und er fährt weiter. Wir sehen noch, wie er nach kurzer Strecke in die Grünmüllanlage einbiegt. Doch Jan ist jetzt erst so richtig auf Betriebstemperatur und möchte ebenfalls abbiegen, um den Mann noch mal zur Rede zu stellen. Mir ist das Ganze mittlerweile richtig peinlich, hatte ich doch den Streit verursacht, und ich versuche, Jan zu beruhigen:»Nein, lass uns bitte einfach weiterfahren, ich verkrafte das heute nicht. Du weißt doch, dass ich krank bin.«

Die Worte zeigen Wirkung, und wir fahren weiter. Der Autofahrer, der das sieht, wird wieder mutiger und schreit uns noch hinterher.

Mein Freund ist kurz davor umzudrehen, doch ich sage nur:»Lass es bitte.«

Er schaut mich an und lässt es, wobei er seinen Unmut gegenüber dem Mann noch mal deutlich zum Ausdruck bringt:»Halts Maul, du bist doch zu blöd zum Kacken!«

Egal, wie man die Situation jetzt auch beurteilen mag: Mein Freund hat mir geholfen, mich beschützt, und ich weiß, dass ich mich auf ihn verlassen kann. Manche Menschen zeigen dies durch Worte, er durch Taten, und das ist schließlich auch was wert. Nachdem wir noch einen Zwischenstopp eingelegt und einen Kaffee getrunken haben, fahren wir zurück und schließen die Radtour zu Hause auf der Terrasse mit einem kühlen Getränk ab. Über meine Krankheit haben wir an diesem Tag kein Wort mehr gesprochen.

Konstanze hat bereits gewartet, gönnt mir aber die Zeit, obwohl sie bereits ziemlich Hunger hat, was ihre Laune ja bekanntlich nicht steigert. Ich fange schnell an zu kochen. Wir essen zusammen und lassen dann den Tag wieder mal mit einer Serie auf Netflix ausklingen.

Tag 33

Sonntagmorgen. Ich wache auf. Konstanze kuschelt sich an mich ran und meint nur:»Draußen regnet's.«

Noch müde, sage ich:»Gott sei Dank!«, und bin froh, dass ich heute keinen Sport machen muss. Meine Gedanken kreisen um den gestrigen Tag und den Streit mit dem Autofahrer. Ich gebe mir jetzt die alleinige Schuld, hatte ich dem Autofahrer doch nicht schnell genug Platz gemacht. Was mich aber noch mehr ärgerte: dass ich mich nicht im Griff hatte.

Konstanze unterbricht mein Gedankenspiel und schwingt sich aus dem Bett.»Ich mache mal Kaffee.«

»Gut«, sag ich und folge wenig später.

Beim Frühstück ist das niedergelegte Patenamt wieder ein Thema. Konstanze will etwas beschwichtigen:»Wir können mit Cecilia und Egon ja immer noch befreundet bleiben.«

Ich bin etwas irritiert, hatte sie ihnen doch den Dolch tief in ihr Elternherz gerammt, was sie ihr nie verzeihen werden, und sage nur:»Das glaube ich nicht, die sind sicher zutiefst gekränkt.«

Das lässt Konstanze aber nicht gelten:»Das eine hat doch mit dem anderen nichts zu tun.«

Ich sage nur:»Doch«, und beende die Diskussion.

Wir wechseln das Thema, und Konstanze redet über unsere Finanzen:»Die Gebäudebrandversicherung ist wieder gestiegen, die zweite Rechnung für dein Elternhaus kommt sicher auch noch. Auf die Dauer können wir uns keine zwei Häuser leisten.«

Klingt erst mal wie ein Luxusproblem, ist es natürlich auch. Seit dem Tod meiner Mutter steht das Haus leer, und ich konnte mich noch nicht entscheiden, was ich damit mache.»Ich werde es wohl verkaufen müssen.«

Konstanze nickt.»... und ich werde dich dabei unterstützen. Auch unser jetziges Haus ist viel zu groß, wir könnten es ebenfalls verkaufen und in eine kleinere Wohnung ziehen.«

Diesen Gedanken hatte sie in letzter Zeit schon öfter geäußert. Sicher nur eine Schlussfolgerung wegen meiner Erkrankung, was mich echt ärgert. Zuerst legt sie das Patenamt nieder, dann soll ich mein Elternhaus verkaufen und jetzt auch noch unser schönes Haus. Das ist mir zu viel Veränderung.»Nein, das kommt nicht infrage!«, sage ich aufgeregt:»Unser Haus ist nicht so groß, und außerdem brauche ich den Platz.«

»Ja, für deine Sachen, die sich im Keller stauen«, meint Konstanze»Hier müsste man mal entrümpeln.«

Da ich mitunter ein sehr kreativer Mensch bin, habe ich mir dort mein Rückzugsgebiet erschaffen. Eine Welt in der Welt, die ich nicht aufgeben kann und werde.

Ich ziehe mich jetzt auf meine Couch zurück, schreibe wieder und schaue nebenher TV.

Die kommende Woche belastet mich sehr, was ich auch körperlich fühle. Geistig gestresst, lege ich mich hin und versuche, mein Wohlgefühl wiederzufinden, was mir nicht gelingt. Um mich besser zu fühlen, beschließe ich, mein therapeutisches Online-Programm wieder aufzunehmen, und starte dort, wo ich zuletzt aufgehört hatte. Es geht los mit klassischer Musik, bildlich untermalt mit einem Knoten, der sich langsam löst und freudig von dannen hüpft. Die Seitenzahl zeigt den Arbeitsfortschritt an, und man sieht, wie weit man schon gekommen ist.

Das Ganze erinnert mich an das Schulungsprogramm in der Firma. Die Academy, die ich in der Einarbeitungsphase durcharbeiten musste, was mich ziemlich belastet hat, da am Ende jedes Kapitels ein Test erfolgt ist. Wie auch im Geschäft versuche ich, das Wochenprogramm so schnell wie möglich abzuarbeiten, um fertig zu werden, was mich wiederum stresst. Nach ein paar Wohlfühlseiten kommt jetzt wieder der Flottmacher zu Wort, ähnlich provokant wie in der Einleitung. Meine Frau, die zuvor joggen war und bereits geduscht hat, setzt sich zu mir. Ich möchte dazu gerne ihre Meinung wissen und zeige ihr die Videos. Als depressiv Kranker interessiert es mich schon, wie ein gesunder Mensch das Ganze beurteilt.

Sie meint nur: »Ja, blöd, für dich passt das wirklich nicht. Lass es doch einfach.«

Da ich aber ein sehr pflichtbewusster Mensch bin und das Ganze ja schließlich 249 € gekostet hat, werde ich es natürlich weitermachen, egal wie blöd ich es auch finde. Menschen wachzurütteln, ist sicher das eine, dennoch Depressive mit ihren Schwächen zu konfrontieren, die zu Beginn des Krankheitsverlaufs sehr empfindsam reagieren können, halte ich für keinen guten Einstieg. Schließlich sind da sicher auch Suizid-Kandidaten dabei, die zu Überreaktionen neigen.

Meine Frau hat jetzt Hunger, und wir beschließen, Pizza und Döner zu holen.

Zuvor fahre ich noch kurz bei der Bank vorbei, um Geld zu holen, dann geht es weiter Richtung Imbiss. Aus dem Gleichklang der Musik schreckt Konstanze plötzlich auf: »Ein Eichhörnchen, du hast ein Eichhörnchen überfahren!«

Ich schaue in den Rückspiegel, und tatsächlich liegt da ein braunes Knäuel auf der Straße.

»Hast du es denn nicht gesehen?«, fragt meine Frau.

Ich versuche, die Situation noch mal im Kopf durchzuspielen, kann mich aber nicht erinnern, eines gesehen zu haben. Mit Humor versuche ich, die Situation zu überspielen, und sage schnell: »Ist jetzt schon mein zweites. Mit dem Rennrad hatte ich schon mal eines überfahren, als ich die Alb runterfuhr. Es ging alles sehr schnell, ich konnte nicht mehr ausweichen und fuhr mittig drüber, um nicht zu stürzen, dabei hat es nur leicht ›knack‹ gemacht, als ob man über ein Saitenwürstchen fährt.«

Meine Frau findet das nicht lustig und ich, ehrlich gesagt, auch nicht, möchte ich doch kein Tiermörder sein. Die Situation macht mir zu schaffen. Ich hatte es wirklich nicht bemerkt und bin verunsichert, ob es eventuell mit den Medikamenten zusammenhängt, die ich nehme. Es hätte ja sonst was passieren können.

Am Dönerimbiss werde ich erst mal wieder abgelenkt. Ein junger Mann bedient uns, der dann auch kassiert. Ich rechne immer schon im Kopf zusammen, denn man weiß ja nie, und komme auf etwa 22 €. Der junge Mann sagt 18,50 €. Ich bin überrascht, wahrscheinlich ein Angebot heute. Ich gebe ihm 20 €, er gibt mir 4,50 € heraus. Mir wird klar, dass Rechnen nicht seine Stärke ist, und ich freue mich, ein Schnäppchen gemacht zu haben. Wie gemein von mir! Dennoch: Mit dem Gefühl, Geld eingespart zu haben, geht es mir erstmals wieder besser.

Als wir zu Hause beim Essen sitzen, höre ich Maria kommen. Sie hat sich heute mit ihren Freundinnen getroffen und macht jetzt Zwischenstopp bei uns. Wir reden und tauschen Neuigkeiten aus. Ich bin gespannt, wie sie die Paten-Gate-Affäre beurteilt. Um die Spannung langsam aufzubauen, lese ich aus meinem Tagebuch vor. Gespannt hört sie zu, und ich warte auf ihre Reaktion. Sie wirkt sichtlich erstaunt, und mir ist zuerst nicht klar, ob es sie mehr überrascht, dass ihr Vater nun zum Schriftsteller mutiert, oder die Tatsache, dass ihre Mutter eine knallharte Patenschaftsamt-Aufkündigerin ist. Damit der Spannungsbogen nicht abreißt, erzähle ich noch von der Vorladung zum Gesprächstermin der Firma und vom Verrat der Gesundheitsmanagerin. Kämpferisch füge ich noch hinzu:»Die Firma kann mich mal«, worauf mich Maria wiederum erstaunt anschaut.»So, genug von mir erzählt«, beende ich das Thema und möchte wissen, wie es bei ihr so laufe.

»Alles gut bei mir«, meint sie und erzählt von ihrem Freund, Freundinnen und ihrer Arbeit, wo gerade alles super funktioniere. Ich bin froh, dass sie ihr Leben so im Griff hat – im Gegensatz ich zu meinem.

Nachdem sie gegangen ist, schauen wir abends zum Entspannen eine Serie auf Netflix. Ich bin dabei nicht wirklich entspannt.

Konstanze fällt auf, wie ich auf meinem Kiefer herumkaue, ihn nach vorne und hinten schiebe, wie ich das halt immer so mache, wenn ich aufgeregt oder nervös bin. Ihr gefällt das nicht, es sieht ja auch komisch aus, und sie meint:»Warum machst du das wieder?«, als ob ich das kontrollieren könnte.

Ich sage nur:»Bin nervös vor nächster Woche.«

Sie nimmt mich in den Arm und drückt mich.

Tag 34

Montagmorgen. Ich wache gegen 7:00 Uhr auf. Bin unruhig und wälze mich im Bett hin und her. Konstanze kommt noch mal kurz ins Schlafzimmer, verabschiedet sich und geht zur Arbeit. Mir ist klar, dass diese Woche hart für mich wird und sich einige Dinge in meinem Leben grundlegend ändern werden, und das macht mich nervös. Ich muss an den Fragebogen aus dem Online-Programm von gestern denken: was ich mir vornähme und was ich ändern wolle. Ich merke, dass ich gerade in einer Sackgasse feststecke. Ich kann nur herauskommen, indem ich stark wende – was auch bedeutet, dass ich mein Leben entrümpeln und Ballast abwerfen muss. Gegen halb neun stehe ich auf und starte in die Woche.

Das Pflichtprogramm wird zuerst abgespult, und nach dem Frühstück fange ich wieder an zu schreiben. Nebenher läuft Musik. Ich lasse wieder Herz-Schmerz-Gefühle zu.

Gegen Mittag geht's raus. Ich muss noch den Holzschnitt vom Samstag zersägen und zusammensammeln. Dabei versuche ich, mich etwas hinter der Garage zu verstecken. Dann höre ich ein schrilles »Hoiiii«. Ich schaue mich um und entdecke das Nachbarehepaar auf der Terrasse stehen, das sich gerade eine Kaffeepause vom Homeoffice gönnt.
»Verdammt!«, denke ich und rufe »Hoi« zurück. Die beiden Selfmade-Unternehmer mit drei Kindern und Hund scheinen mich wohl schon länger beobachtet zu haben und kommentie-

ren mein Tun wohlwollend:»Machst du den Garten startklar für den Frühling?«

Ich entgegne schnell:»Ja, und hoffentlich kommt der auch bald.« Schon überlege ich mir eine Antwort auf die Frage, warum ich zu Hause sei.

Zum Glück steht auf einmal der Postbote vor mir und drückt mir ein Paket in die Hand. Erfreut, dass auch meine Nachbarn zu Hause sind, ruft er ihnen zu:»Sie bekommen auch gleich noch eins!«, worauf sie zur Tür eilen.

»Uff, gerettet!«, denke ich und begebe mich aus dem Blickfeld in den toten Winkel.

Ich lade den Grünschnitt jetzt schnell ins Auto ein und fahre es zur Sammelstelle.

Auf dem Rückweg gehe ich noch einkaufen. Als ich wieder zu Hause und beim Ausladen bin, steht plötzlich mein Schwiegervater im Garten. Er ist mit dem Rad gekommen und hat einen Eimer voll Holz dabei.»Ist jetzt nicht wirklich viel«, denke ich. Wahrscheinlich wollte er nur kontrollieren, ob schon alles eingestapelt und noch Platz für Neues sei. Skeptisch schaut er sich den Baum an, den ich zugeschnitten hatte. Ich muss zugeben, er sah ziemlich unförmig aus.

Mein Schwiegervater meint darauf nur:»Hast du mir eine Baumschere?«

Ich bringe ihm eine, und er macht sich ans Werk. Jeder Ast, der weggeschnitten wird, bedarf noch einer kurzen Erklärung. Ich nehme die Hilfe dankend an. Immer wenn er fertig zu sein scheint, findet er wieder einen kleinen Ast, der noch entfernt werden muss, sodass sich das Ganze ziemlich zieht. Als kaum noch Äste dran sind und man den Baum nur noch hätte umsägen können, ist er fertig. Ich bedanke mich noch mal für seine

Hilfe, und wir verabschieden uns. »Blöd«, denke ich, »eben erst habe ich den ganzen Grünschnitt weggebracht. Jetzt muss ich noch mal hin.« »Egal, der Birnbaum sieht jetzt optisch viel besser aus, auch wenn es wohl in diesem Jahr keine Birnen geben wird.

Ich prüfe noch mal meine Geschäftsnachrichten. Bis jetzt habe ich immer noch keine Einladung für den Termin am Mittwoch erhalten. Hoffentlich habe ich alles richtig verstanden. Wie ich im Kalender sehe, ist am Mittwochnachmittag um 14:00 Uhr ein Regeltermin eingetragen, an dem auch mein Chef teilnimmt, sodass er somit für mich keine Zeit hätte. Ein weiterer Termin wird mir angezeigt. Der ausscheidende Geschäftsführer hat um die Mittagszeit zu einem Umtrunk eingeladen, der bis 13:30 Uhr dauern soll. »Mist«, denke ich, »wahrscheinlich laufen mir dann alle Kollegen über den Weg«, was ich unbedingt vermeiden will. Gedanklich stelle ich mir vor, wie ich umlagert und mit Fragen bombardiert werde. Ich versuche, mich wieder abzulenken, und fange an zu schreiben.

Um 17:30 Uhr kommt meine Tochter Sophie nach Hause, begrüßt mich und verschwindet im Bad. Kurze Zeit später folgt meine Frau. Ich fange an zu kochen – Gnocchi mit vegetarischer Soße, damit auch Sophie, die Vegetarierin ist, mitessen kann.

Beim Essen erzählt Sophie wie gewohnt vom Kindergarten: »Letzte Woche habe ich euch doch die Story mit dem Regenwurm erzählt.«

Ich nicke und sage: »Von dem Kind, das den Regenwurm erschlagen hat.«

»Ja, genau«, erwidert sie.

Ich schaue interessiert und fordere sie auf: »Erzähl.«

»Die Mutter war da und hat sich beschwert, dass ihr Kind nicht mehr in den Kindergarten wolle, weil ich mit ihm geschimpft hätte und er zur Strafe habe neben mir sitzen müssen.«

Ich füge hinzu: »Früher musste man noch in die Ecke stehen.«

Sophie führt weiter aus: »Ich gebe ja zu, ich war wütend und habe dem Kind ein schlechtes Gewissen gemacht und ihm erzählt, dass die Wurmeltern ihr totes Kind vermissen würden. Dann hat er geweint.«

»Für ein Kind schon sehr hart«, sage ich und füge beiläufig hinzu, dass ich gestern ein Eichhörnchen überfahren hätte.

»Oha!«, sagt Sophie, geht aber nicht weiter darauf ein und erzählt weiter: »Mein Kollege Peter, dessen Bezugskind der Junge ist, hat mir dann geholfen und der Mutter pädagogisch die Situation erklärt und ihr ein schlechtes Gewissen gemacht. Dann hat er noch gesagt, da ja im Frühling mehr Viecher herumschwirren würden, werde er das Ganze mit den Kindern in der Gruppe besprechen. Den Ausdruck ›Viecher‹ fand ich, ehrlich gesagt, etwas kontraproduktiv. Egal, die Mutter hat sich dann noch bei mir entschuldigt, weil sie es so ins Lächerliche gezogen habe, was ich echt gut fand. Und jetzt stellt euch vor, heute hat ein anderes Kind einen Wurm aus der Erde gezogen und umgebracht. Ich habe es gesehen und dann einfach weggeschaut. Ich will nicht noch mal so ein Theater. Einmal reicht ja auch.«

Ich muss grinsen. Was lernt man daraus? Dinge werden erst zum Problem, wenn man eins daraus macht.

Tag 35

Dienstagmorgen. Ich wache auf und habe Angst vor dem morgigen Gespräch. Bin ich dem wirklich gewachsen? Man wird mich in die Mangel nehmen und vielleicht zur Eigenkündigung zwingen. Die Firma hat ja schließlich einen Ruf zu verlieren. Ich spiele das Gespräch im Kopf in allen Varianten durch. Wenn man mich fragt: »Wie geht es Ihnen?«, was soll ich dann sagen? Jede Antwort ist da irgendwie doof. Sage ich »schlecht«, wird man mich kündigen. Sage ich »gut«, muss ich zurückkommen. Ich sage wie gewohnt: »Es geht schon etwas besser.« Dann wird man mich fragen, ob und wann ich zurückkommen könne. Was sage ich dann? »Nein, das möchte ich nicht.« Ehrlicherweise würde ich gerne einen anderen Job machen, doch den wird man mir nicht geben, schließlich wurde ich genau für diese Position eingestellt. Ich finde keine Lösung und ziehe die Decke über mich, um mich vor der Welt zu verstecken. Ich fange an zu zweifeln. Ist der Termin morgen wirklich um 14:00 Uhr? Vielleicht habe ich mich vertan. Es kam immer noch keine Einladung oder Bestätigung. Ich beschließe, Leni, die Assistentin der Geschäftsleitung, anzuschreiben. »Gute Idee«, denke ich und stehe auf.

Bevor ich das aber mache, stärke ich mich mit einem Frühstück. Dann schreibe ich im Teams-Chat die wohlüberlegten Worte: »Hallo, Leni, kannst du mir bitte den morgigen Termin Mi., 14:00 Uhr, kurz bestätigen und schreiben, wer alles daran teilnehmen wird?« Ich bin gespannt auf die Reaktion.

Und ich muss nicht lange warten, Leni bestätigt mir den

Termin. Teilnehmen werden laut ihr mein Chef und der zuständige Personalreferent. Von Frau Lehmann, der Gesundheitsmanagerin, ist keine Rede mehr.

Mir ist klar, dass es morgen sicher nicht um eine Wiedereingliederung gehen wird.

Heute will ich noch mal entspannen und versuche, mich mit einer Radtour abzulenken. Meine Hausrunde führt wie immer über die Alb, aber diesmal fahren meine negativen Gedanken mit. Während der ganzen Fahrt gehe ich alle Varianten des Gesprächs im Kopf durch. Pro und Kontra lege ich auf eine Waage. Komme aber auf keine Lösung.

Wieder zu Hause, setze ich mich mit meiner kompletten Radfahrgarnitur auf die Couch.

Konstanze ist zurück von der Arbeit, und wir reden. Sie sagt: »Heute lief es bei mir ganz gut, bis auf den normalen Wahnsinn halt.« Dann die obligatorische Frage: »Und wie war es bei dir?«

»Bin Radfahren gewesen«, was man ja auch sehen kann.

Konstanze meint noch aufmunternd: »Nach dem Radfahren siehst du immer gut aus.«

Fast vorwurfsvoll gebe ich zurück: »Gut aussehen und sich gut fühlen sind zweierlei Dinge. Heute geht es mir nicht so gut, ich musste die ganze Zeit an das morgige Gespräch denken. Ich weiß wirklich nicht, was ich morgen sagen soll, und wahrscheinlich werde ich sowieso gefeuert.«

Konstanze meint noch: »Warte doch mal ab, vielleicht bieten sie dir wirklich eine Wiedereingliederung an.«

Das kann ich nicht glauben, sonst wäre ja Frau Lehmann dabei.

Konstanze fügt hinzu:»Sei morgen einfach so, wie du bist, und versuche nicht, dich zu verstellen.«

»Ja, genau«, sage ich.»So, wie ich es all die Jahre getan habe.«

»Sag einfach, dass es dir schon etwas besser geht, du aber noch Zeit brauchst und das aktuell noch nicht sagen kannst wie lange es dauern wird. Entweder bekommst du die Zeit oder halt nicht.«

Ich sage nur:»Eigentlich möchte ich sowieso nicht mehr dorthin, aber kündigen möchte ich auch nicht. Dann bekomme ich eine Sperre beim Arbeitsamt, und dann haben wir gar kein Geld mehr.«

Konstanze meint noch:»Du bist doch krankgeschrieben, dann zahlt doch die Krankenkasse.«

»Ja, schon, aber ich weiß ja nicht, wie lange noch. Okay, ich werde sagen, dass es mir schon etwas besser gehe, jetzt aber noch mehrere Termine bei der Psychotherapie und Reha folgen würden. Es kann ja auch sein, dass sich die Tageskliniken noch melden und ich dahin kann.«

Konstanze schaut mich verwundert an und bringt ihr Veto ein:»Ich glaube, du musst da nicht mehr hin, auf mich wirkst du schon ganz gesund.«

Ich bin überrascht:»Ja, so gesund, dass ich morgens und abends ein Antidepressivum nehmen muss.«

Es folgt eine längere Pause, und sie fügt fast schon entschuldigend hinzu:»Ich meine ja nur, dass die Reha sicher ausreicht.«

Da das Gespräch mich jetzt nicht mehr weiterbringt, beschließe ich, es zu beenden, und gehe duschen, um anschließend noch Getränke zu holen.

Meine Tochter Sophie begleitet mich dabei, was mich etwas ablenkt. Vom Imbiss nehme ich dann noch zwei halbe Hähnchen mit. Als wir zu Hause mit dem Essen beginnen und ich gerade die mitgebrachten Hähnchen seziere, seufzt Konstanze, die in Blickrichtung Garten sitzt:»Mein Vater ist wieder da und bringt Holz.«

»Okay«, sage ich,»dann muss ich raus, ihm helfen.«

»Wir essen doch gerade«, sagt Konstanze.

»Ja, aber das weiß dein Vater ja nicht.« Ich ziehe mich an, gehe raus und helfe ihm.

Als wir fertig sind, kommt Konstanze hinzu, und wir wechseln zu dritt noch ein paar Worte. Es geht um den Baumschnitt vom Birnbaum, wo mir mein Schwiegervater geholfen hat, der noch etwas Lob einkassieren will.»Jetzt sieht er fachmännisch geschnitten aus«, meint er,»bis auf den einen Ast, den müsste man auch noch absägen.«

»Okay«, sage ich. Halte es aber für nicht notwendig, sonst sind ja irgendwann gar keine Äste mehr dran und somit auch keine Birnen. Wir bedanken uns noch mal für das gebrachte Holz, verabschieden uns und gehen dann wieder rein.

Meine Frau schaut mich an und sagt:»Gut, dass du ihm geholfen hast.«

Ich bin froh, dass sie das jetzt genauso sieht, und seziere das mitgebrachte Hähnchen weiter.

Am Abend schauen wir eine neue Serie, es handelt von einer Rockband in den 70ern. Konstanze schläft nach wenigen Minuten ein. Wir werden die Serie wohl nicht weiterschauen.

Tag 36

Mittwochmorgen. Um 6:30 Uhr klingelt der Wecker. Ich wache auf. Sofort muss ich an das heute anstehende Gespräch mit meinem Chef denken. Das Szenario, das ich bereits in allen möglichen Varianten durchgespielt habe und an dem ich immer noch gedanklich arbeite.»So, jetzt ist aber Schluss damit!«, versuche ich, mich selbst zu beruhigen,»heute Morgen habe ich ja noch das Gespräch mit der Psychotherapeutin Frau Lahm, sie kann mir sicher einen Rat geben, wie ich mich verhalten soll.«

Meine Frau kommt gerade aus dem Bad. Jetzt bin ich dran, wir haben das so abgesprochen. An normalen Tagen trinken wir gemeinsam vor der Arbeit immer noch einen Kaffee, so auch heute. Als sie gehfertig ist, merke ich, wie gut sie heute aussieht und was der Job Positives bei ihr bewirkt hat. Im Gegenteil zu meinem, wo ich mich wie ein Häufchen Elend fühle.

Bevor sie losfährt, wünscht sie mir noch viel Glück, denn sie weiß, ich kann es heute gebrauchen.

Als sie weg ist, warte ich noch etwas und breche dann zur Psychotherapeutin Frau Lahm auf. Sie wohnt in einer noblen Gegend, und ich nehme an, dass hier nur die High Society verkehrt.

An der Gartentür klingle ich, doch niemand meldet sich. Da die Tür offensteht, nehme ich das als Zeichen weiterzugehen. Im Garten geht es die Treppen steil bergauf. Oben angekommen, bewundere ich für einen kurzen Moment den tollen Ausblick über die Stadt. Aus einer großen Glastür kommt mir Frau Lahm entgegen und begrüßt mich per Handschlag.

Um mich etwas einzuschleimen, sage ich: »Schön haben Sie es hier.«

Sie entgegnet mir nur ein kurzes »Ja«.

Ich soll meinen Mantel ablegen und es mir im Sessel bequem machen. Sie nimmt als Erstes meine Daten auf, dann ist sie gesprächsbereit und setzt sich gegenüber in einen Sessel, der gefühlt drei Meter entfernt von meinem steht. Allerdings spricht sie nicht viel. Die meiste Zeit spreche ich. Stichwortartig fragt sie die Stationen meines Lebens ab: Eltern, Familie, Schulbildung, Beruf, Krankheitsverlauf und meine Selbsteinschätzung. Ich öffne mich dabei komplett, allerdings spüre ich darauf nur wenig Gegenreaktion. Sie macht einen sehr nachdenklichen, fast schon gequälten Eindruck, und mir kommt es so vor, als wäre sie müde oder würde sich langweilen. Nach fast einer Stunde ist meine Sprechzeit vorbei, was sie mir auch zu verstehen gibt, und sie beendet meinen Monolog mit dem Satz »Haben Sie sonst noch Fragen?«.

Die habe ich tatsächlich: wie man mit so wenig Arbeit sich so ein Haus leisten kann. Das denke ich natürlich nur und frage sie dann: »Wie Sie ja jetzt wissen, habe ich heute Mittag das Gespräch mit meinem Chef. Können Sie mir einen Rat geben, was ich ihm sagen soll?«

Nach einer kurzen Pause kommt ein etwas längerer Satz zurück: »Sie wissen ja schon, dass Sie da eigentlich nicht hinmüssen, aber einen Rat kann ich Ihnen da beim besten Willen nicht geben, schließlich kenne ich weder Ihren Chef noch Ihr berufliches Umfeld. Am besten machen wir noch einen weiteren Termin in zwei Wochen.«

Beim Rausgehen denke ich noch: »Super, eigentlich hat das heute gar nichts gebracht. Ich bin jetzt noch genauso schlau wie vorher.«

Auf der Rückfahrt vergleiche ich gedanklich das Gespräch mit Herrn Mann von letzter Woche mit dem heutigen. Wie positiv gestimmt ich letzte Woche war! Heute könnte ich am liebsten weinen. Um mich etwas besser zu fühlen, halte ich noch beim Bäcker und kaufe was ein. Nach dem Frühstück schreibe ich erst mal wieder und lasse nebenher entspannende Musik laufen.

Um 10:30 Uhr klingelt mein Handy. Ich möchte schnell rangehen, muss aber vorher noch die Musik ausmachen. Blöd, wenn man denkt, dass hier Partystimmung herrscht. Hektisch stolpere ich über das Netzteil von meinem Laptop. Bis ich dann so weit bin, verstummt das Klingeln. Ich rufe schnell zurück.

Eine freundliche Frau von der AOK ist dran. Sie stellt sich als meine direkte Ansprechperson vor, die sich zukünftig um all meine Belange kümmern werde. »Super«, denke ich, »wahrscheinlich haben sie mich jetzt als Problemfall eingestuft, der eine Sonderbetreuung benötigt.« Sie nimmt zuerst meine Daten auf und will dann noch wissen, wie es mir jetzt gehe und ob ich nächste Woche wieder zur Arbeit könne, schließlich seien ja jetzt sechs Wochen um, und danach springe ja bekanntlich die Krankenkasse ein.

Ich sage: »Wahrscheinlich werde ich noch mal krankgeschrieben«, was für sie auch okay ist.

Schlussfolgernd meint sie dann: »Als Nächstes werde ich Ihnen und Ihrem Arbeitgeber Formulare zur Berechnung der Lohnfortzahlung zusenden. Sollten Sie zu den Formularen oder auch anderen Themen Rückfragen haben, können Sie sich jederzeit an mich wenden.«

Das finde ich schon mal gut, da ich meine Geschichte dann nicht immer wieder neu erzählen muss. »Ja, ich habe da noch was«, sage ich, »allerdings bin ich mir nicht sicher, ob das für Sie wichtig ist. Ich habe vor Kurzem einen Reha-Antrag gestellt.«

»Gut, dass Sie mir das erzählen. Ich werde mir das gleich notieren.« Und sie führt weiter aus: »In diesem Zeitraum wird die Lohnfortzahlung von der Rentenversicherung übernommen.«

»Klar, dass sie das gut findet«, denke ich und will noch wissen, ob es ein Problem sei, den Therapeuten noch mal zu wechseln, schließlich war das Gespräch heute Morgen nicht ganz so toll gelaufen.

Darauf meint sie: »Natürlich können Sie nach den ersten Vorgesprächen noch ohne Probleme wechseln. Das Ganze bringt ja nur was, wenn Sie Vertrauen zu Ihrem Therapeuten haben.«

Es beruhigt mich schon mal, dass sie das genauso sieht.

Am Schluss wiederholt sie noch mal: »Sollte noch etwas unklar sein, können Sie sich ja jederzeit bei mir melden.«

Ich bedanke mich freundlich, und wir legen auf.

Die Zeit vergeht jetzt immer langsamer, und ich schaue ständig auf die Uhr. Wie beim Western »High Noon« rückt der Termin mit meinem Chef immer näher. Die Spannung steigert sich, und wie ein aufgeregtes Tier im Käfig laufe ich unruhig hin und her. Dann ist es so weit. Den zeitlichen Ablauf habe ich bereits vorab im Kopf durchgespielt, um nichts zu vergessen. 13:00 Uhr: Ich mache mich frisch und ziehe mir etwas Schönes an. 13:15 Uhr: Laptop, Handy und Zubehör verpacken. Um Punkt 13:30 Uhr fahre ich los. 13:45 Uhr parke ich auf dem entferntesten Parkplatz meiner Firma, den Laufweg habe ich bereits mit eingeplant.

Um 13:50 Uhr betrete ich das Firmengebäude. Am Empfang sitzen zwei Damen. Eine kenne ich noch von meinem früheren Job, sie telefoniert gerade, was mich beruhigt, damit ich mich nicht erklären muss. Ich spreche die andere Frau an: »Ich habe einen Termin bei Herrn Ancelotti.«

Da ich so förmlich nachfrage, geht sie davon aus, dass ich wohl ein Besucher sei, und will mir gleich einen Besucherausweis ausstellen.

»Nein, sorry«, sage ich und zeige ihr meinen Firmenausweis.

Doch sie meint darauf nur: »Wie ich sehe, ist Herr Ancelotti noch im Gespräch.«

»Kein Problem«, sage ich und verweise auf die Assistentin, die mich ja abholen wollte. Die Empfangsdame ist jetzt sichtlich erleichtert, dass sie meinen Chef nicht stören muss.

Es vergehen nur wenige Minuten, dann steht Leni vor mir und begrüßt mich freundlich »Schön, dass du da bist. Wir müssen leider ganz nach oben, die unteren Besprechungszimmer sind alle belegt. Sollen wir den Aufzug nehmen oder laufen?« Ohne meine Antwort abzuwarten, läuft sie bereits am Aufzug vorbei.

»Laufen ist auch gesund«, werfe ich noch hinterher, »bin ja ein sportlicher Typ.«

Im Treppenhaus auf dem Weg nach oben will ich mich noch erklären: »Blöd, dass ich so lange krank bin, das habe ich mir auch anders vorgestellt.«

Leni erwidert nur: »Da kannst du ja nichts dafür«, und legt ein gutes Tempo vor, will sie mich oben doch schnell abliefern.

In der Chefetage angekommen, bin ich leicht außer Atem und sehe schon im verglasten Besprechungszimmer zwei Männer im Anzug auf mich warten, die mit ernster Miene dreinschauen.

14:00 Uhr: Ich betrete den Raum, und mich überkommt sofort ein schlechtes Gefühl wie einen Verurteilten, den man zur Hinrichtung führt. Ich begrüße den Personalreferenten und meinen Chef per Handschlag.

Dann die obligatorische Frage:»Wie geht es Ihnen?«

Ich antworte, wie bereits tausendmal geübt:»Es geht mir schon etwas besser«, und füge noch spontan hinzu:»Wie Sie sehen, bin ich hier«, was eigentlich zur Auflockerung gedacht war.

Dann werde ich gebeten, mich zu setzen. Es gibt keine lange Vorrede, keinen Small Talk, und mein Chef kommt gleich zur Sache:»Nach reiflicher Überlegung sind wir zum Entschluss gekommen, Sie zu kündigen. Das Delta-1-Projekt ist zu wichtig, als dass ich es gefährden könnte. Das ist jetzt sicher hart für Sie, aber ich muss auch an die anderen Kollegen denken, die hier Unterstützung benötigen, die Sie aktuell nicht leisten können.«

All die Worte, die ich mir zurechtgelegt habe, sind auf einen Schlag nutzlos. Keine Erklärung, keine Rechtfertigung macht das jetzt noch rückgängig, und es ist auch nicht gewünscht. Man muss also die anderen Kollegen vor mir schützen.

Wie bei einer perfekten Choreografie kommt jetzt der Personalreferent ins Spiel. Zwei Anschreiben werden mir über den Tisch zugeschoben mit den Worten:»Ich habe das Kündigungsschreiben bereits in doppelter Ausfertigung aufgesetzt, die Sie bitte beide unterschreiben. Es ist meine Pflicht, Sie darauf hinweisen, dass Sie sich beim Arbeitsamt arbeitssuchend melden müssen.«

Ohne es gelesen zu haben, unterschreibe ich mit zitternder Hand die Kündigung.

Nachdem nun das Pflichtprogramm erledigt ist, fügt der Personalreferent mit einem erleichterten Seufzer hinzu:»Sie müssen mir glauben, die Kündigung hat nichts mit Ihrer fachlichen Qualifikation zu tun, und ich möchte mich noch mal für ihre Ehrlichkeit bedanken.«

»Okay«, denke ich, »damit meint er sicher das Gespräch, das ich mit Frau Lehmann geführt habe«, und mir wird klar, dass sich Ehrlichkeit nicht immer auszahlt. Es folgt eine Pause, und ich fühle ich mich genötigt, auch noch was zu sagen, was ich besser nicht getan hätte. Ein Satz, den ich bis heute bereue: »Es tut mir leid, das in mich gesetzte Vertrauen enttäuscht zu haben.«

Die beiden Herren schauen mich verdutzt an. Sie haben bestimmt mit vielem gerechnet, nur nicht mit einer Entschuldigung meinerseits. »Das müssen Sie nicht. Sie können ja nichts dafür«, kommt es von beiden gleichzeitig wie aus der Pistole geschossen.

Ja, richtig, aber natürlich sehe ich wieder mal die Schuld bei mir.

Dann folgen nur noch Floskeln: »Sie müssen jetzt zuerst an sich denken. Werden Sie erst mal wieder gesund, bevor Sie sich einen neuen Arbeitgeber suchen.«

Weil ich das so nett finde, sage ich dann noch weitere blöde Sätze wie: »Das Delta-1-Projekt wird sicher ein Erfolg, ist ja schließlich ein gutes Produkt und eine gute Firma.« Als ob ich hier noch arbeiten würde!

Der Personaler will noch was sagen, und ich komme ihm zuvor: »Wo soll ich meine mitgebrachten Sachen abgeben?« Ich hatte bereits alles im Auto dabei, da die Chance für eine Kündigung doch recht groß war.

Herr Ancelotti meint dann noch kurz: »Geben Sie die Sachen einfach unten am Empfang ab.« Er wünscht mir dann noch alles Gute und verabschiedet sich.

14:10 Uhr – es ist vorbei, ich verlasse das Besprechungszimmer. Das Gespräch hatte gerade mal zehn Minuten gedauert. Mehr Zeit war es meinem Chef wohl nicht wert. Zeit ist ja schließlich Geld. Allein in Gedanken, gehe ich das Treppenhaus hinunter, doch wie soll ich es beschreiben? Obwohl ich soeben den schlimmsten Moment in meiner beruflichen Karriere erlebt habe, fühle ich mich wie von einer zentnerschweren Last befreit. Leichten Schrittes gehe ich zurück zum Auto, um meine Sachen zu holen. Dabei merke ich jetzt erst, wie schön heute die Sonne scheint. Vorher war es mir gar nicht aufgefallen. Ich atme tief durch, genieße die leichte Wärme und fühle mich auf eine ungekannte Art und Weise frei. Warum zurück mit dem ganzen Zeug laufen? Ich setze mich ins Auto, fahre ein Stück und parke jetzt direkt vor der Firma auf dem Besucherparkplatz. Am Empfang wartet bereits mit einem mitleidvoll lächelnden Blick Leni, die Laptop, Handy und meinen Ausweis in Empfang nimmt.

Sie will noch was Nettes zu mir sagen und meint dann noch: »Mir tut es echt leid, wie das heute gelaufen ist«, als ob sie es eben erst erfahren hätte.

»Ist schon okay«, erwidere ich und lächle freundlich zurück. »Sag bitte allen noch einen Gruß von mir.« Ich halte es pauschal, da ich nicht wirklich weiß, wen sie von mir grüßen soll. Dann verlasse ich die Firma, die nun nicht mehr meine ist, was mich erleichtert und zugleich auch belastet.

Ich fahre nicht direkt nach Hause, sondern mache noch einen kleinen Umweg, damit ich gegen 15:00 Uhr zu Hause bin. Die Nachbarn sollen wieder mal denken, dass ich von der Arbeit käme. Doch wem spiele ich hier noch was vor?

Sophie ist bereits zu Hause, muss aber gleich weiter und fragt nur: »Und, wie ist es gelaufen?«

Ich rede nicht lange herum: »Nicht gut, wurde gekündigt.«

»Oha, das tut mir aber leid! Und wie kommst du damit klar?«

»Eigentlich habe ich ja schon damit gerechnet, es ärgert mich nur, dass ich mich dann noch mehrmals entschuldigt habe. Echt doof von mir.« So ist halt das Geschäftsleben. »Business as usual.«

Sophie gibt mir noch einen Abschiedskuss und macht sich auf den Weg. Ich setze mich wieder auf meinen Lieblingsplatz, die Couch, und fange an zu schreiben, doch diesmal ist es anders. Es ist so, als wollte ich mir den ganzen Ärger und Frust von der Seele schreiben.

Eine Stunde später kommt meine Frau nach Hause. Sie schaut mich gespannt an und fragt: »Na wie war's?«

Ich erzähle ausführlich und ärgere mich noch immer über meine Entschuldigung.

Konstanze meint dann noch: »Ist doch egal, das Gespräch wurde ja wohl nicht aufgezeichnet. Ich bin froh, dass du nicht wieder zurückgegangen bist.«

»Ja«, sage ich »die Entscheidung wurde mir jetzt abgenommen.«

Sie wechselt schnell das Thema: »Und wie war es heute in der Psychotherapie?«

»Exakt so, wie die Bewertung es vorausgesagt hat. Die Psychotherapeutin wirkte abwesend, gelangweilt und hat nur wenig mit mir gesprochen.«

Konstanze meint nur noch: »Da musst du ja nicht mehr hingehen.«

Eigentlich nicht, aber ich habe ja noch einen zweiten Termin bekommen, und mein Pflichtbewusstsein ist da wohl anderer Meinung.

Anschließend mache ich Abendessen. Beim Essen erzählt mir Konstanze ausführlich von ihrem guten Tag heute, und ich erzähle nichts mehr von meinem. Ist ja jetzt alles besprochen und erledigt.

Tag 37

Donnerstagmorgen. 7:10 Uhr wache ich auf. Den Wecker habe ich auf 7:15 Uhr gestellt und mache ihn nun aus. Meine Frau schläft noch. Ich muss früher raus, denn ich habe heute einen Termin bei meiner Hausärztin. Wie wird sie wohl reagieren, wenn ich ihr von meiner erhaltenen Kündigung erzähle? Schockiert, mitleidig oder teilnahmslos? Werde ich noch mal krankgeschrieben, oder gehe ich jetzt über Los in die Arbeitslosigkeit? Meine Gedanken kreisen wieder, und ich schwitze leicht. Nachdem ich aufgestanden bin, spule ich mein Pflichtprogamm ab und bin erleichtert, dass ich jetzt eine meiner Tätigkeiten streichen kann. Ab sofort muss ich keine geschäftlichen Mails mehr lesen, was mich immer schon sehr belastet hat, nur noch meine privaten. Dann mache ich mich auf den Weg.

In der Praxis werde ich von der Assistentin direkt auf den Warteplatz vor dem Sprechzimmer platziert mit den Worten: »Sie kommen gleich dran.« Dann ein kurzer Schreckmoment: Eine andere Patientin wird aus dem Wartebereich abgeholt, und ich erkenne meine Nachbarin, die gegenüber von uns wohnt. Mit dem Rücken abgewandt, wird sie in ein anderes Besprechungszimmer geführt. Gott sei Dank! Sie hat mich nicht gesehen.

Das Sprechzimmer geht auf, und ich werde mit der gewohnt melodiösen Stimme hereingebeten: »Wie geht es Ihnen?«

Als ich sitze, atme ich noch mal kurz durch und lege los: »Es geht mir schon etwas besser, mittags und abends fühle ich mich gut, gehe öfters raus und mache auch Sport, nur morgens ist es immer noch schlecht. Vor allem heute Morgen.« Der Spannungsaufbau ist gelungen, und ich komme jetzt auf den Punkt: »Man hat mir gestern gekündigt.« Ich warte auf eine schockierte Reaktion.

Doch wie gewohnt gelassen, meint sie nur: »Das, was Sie befürchtet haben, ist jetzt wohl eingetreten. Na ja, Sie finden sicher schnell wieder einen neuen Job.«

»Dies scheint sie ja nicht gerade zu beunruhigen«, denke ich noch und erzähle von meinem Besuch beim verständnisvollen Herrn Dr. Mann, der noch eine Empfehlung schreiben wollte.

Leider war diese noch nicht eingetroffen, worauf meine Ärztin wiederum beruhigend meint: »Aus Erfahrung weiß ich, dass dies immer etwas dauern kann.«

Da diese Empfehlung als Grundlage für meine Hausärztin dienen sollte, fasse ich sein Fazit noch mal kurz und knapp zusammen: »Er hat gemeint, ich solle noch zu Hause bleiben«, als ob ich das betonen müsste. Um ihr zu zeigen, wie sehr ich mich bemühe, wieder gesund zu werden, erwähne ich noch meinen Besuch bei der Psychotherapeutin, der leider so wie in den schlechten Internetbewertungen beschrieben verlief.

Darauf schaut sie mich mitleidvoll an und meint: »Eine Gesprächstherapie hat natürlich nur Sinn, wenn Sie Vertrauen zur ihr haben – was wohl nicht der Fall ist.« Abschließend will sie dann noch wissen, ob ich mit dem Online-Programm schon begonnen hätte.

»Ja, schon«, sage ich. »Aber irgendwie finde ich es – na ja …«

Meine Ärztin fügt hinzu:»Nicht so gut?«

»Also ich werde es auf jeden Fall weitermachen, aber für schwer Depressive ist es wohl weniger geeignet.« Sie will nun wissen, warum:»Na ja, vielleicht kommt es nur mir so vor, schließlich bin ich ja depressiv, aber Dr. Flott, der durchs Programm führt, ist nichts für zarte Gemüter.« Um das Ganze noch bildlicher zu machen, führe ich weiter aus:»Man bekommt quasi einen Tritt in den Hintern verpasst. Das Prinzip mit Zuckerbrot und Peitsche erklärt es wohl am besten.«

Die Ärztin ist jetzt überrascht und gibt zu:»Also ich selbst kenne das Programm nicht. Ich habe eins von vielen ausgewählt. Leider bekommen wir als Ärzte keine Demoversion, um uns selbst ein Bild zu machen – aber danke für den Hinweis.« Dann wirft sie eine Frage in den Raum:»Für welchem Zeitraum haben wir Sie denn immer krankgeschrieben?«, und liefert die Antwort gleich mit:»Ich halte es für das Beste, wenn wir den Zwei-Wochen-Rhythmus beibehalten. Also jetzt bis kurz vor Ostern.«

Ich bin erleichtert. Dies gibt mir noch Zeit, das Ganze zu verarbeiten.»Schön wäre es, wenn ich meine Reha direkt anhängen könnte«, sage ich noch.

Darauf meint sie:»Sie können ja nächste Woche bei der Rentenversicherungsanstalt in Berlin anrufen und nachfragen.«

»Werde ich machen«, entgegne ich ihr. Sie drückt mir noch die Krankmeldung in die Hand, und wir verabschieden uns freundlich.

Auf dem Nachhauseweg halte ich noch beim Bäcker und kaufe Brezeln und Croissants fürs Frühstück. Als ich kurz nach 9:00 Uhr wieder zu Hause bin, ist Konstanze schon aufgestanden und fleißig am Saugen – rund um meinen Lieblingsplatz, die Couch. Ich frage erstaunt nach:»Warum putzt du schon so früh?«

Sie erwidert nur:»Ich wollte die Gelegenheit nutzen, mal unbeobachtet zu putzen.«

Den Satz finde ich irgendwie schräg, als ob ich sie dabei kontrollieren würde. Dabei bin ich doch die meiste Zeit alleine hier.

Nach dem Frühstück nehme ich mir vor, beim Arbeitsamt anzurufen, um mich, wie von meinem Noch-Arbeitgeber aufgetragen, arbeitssuchend zu melden. Ich rufe die im Internet deutschlandweit geltende Nummer an. Über eine telefonische Ansage werde ich von einem Bot an ein ortsnahes Arbeitsamt durchgestellt. Eine streng anmutende Frauenstimme begrüßt mich freundlich. Ich melde mich mit Namen und sage gleich: »Ich möchte mich arbeitssuchend melden.«

Es folgt eine Feststellung:»Sie wurden gekündigt.«

»Ja«, erwidere ich.

Dann eine Frage:»Waren Sie schon mal arbeitslos gemeldet?«

»Nicht, dass ich wüsste«, entgegne ich etwas humorvoll.

»Gut«, sagt sie.»Dann nehmen wir mal Ihre Daten auf.« Die Sozialversicherungsnummer und meine persönlichen Daten habe ich zur Hand. Die Frau fügt gleich lobend hinzu:»Bei Ihnen geht das aber flott. Sie sind sicher Deutscher?«

»Ja«, sage ich und verspüre eine gewisse Erleichterung bei ihr. Doch dann wird es auch bei mir schwierig.

»Können Sie mir bitte Jahr und Monat Ihrer Schulzeit nennen, beginnend von der Grundschulzeit bis zum erworbenen Abschluss?«

»Leider nein, da muss ich erst mal nachschauen.« Darauf

war ich nun wirklich nicht vorbereitet. Die Frau am Telefon wird jetzt etwas ungeduldig und fängt selbst an zu rechnen, startend bei Jahrgang 55. Ich sage scherzhaft:»Dann müsste ich ja schon in Rente sein.« Meine Mittlere Reife wird dann noch um drei Jahre verkürzt, was mich zum Wunderkind machen würde. Je mehr ich sie korrigiere, umso missmutiger wird sie. Ich schlage ihr nun vor, dass ich meine letzten Bewerbungsunterlagen hole, wo ja alles genau beschrieben steht. Meinen Vorschlag überhört sie geflissentlich und macht einfach weiter.

»Sagen Sie mir bitte in rückwärtiger Reihenfolge all Ihre Arbeitgeber.«

Ich reagiere nicht sofort, da ich noch meinen Lebenslauf suche, worauf sie noch mal eindringlich nachfragt:»Sagen Sie mir bitte, wer Ihr letzter Arbeitgeber war?«

Froh, sie nun gefunden zu haben, entgegne ich ihr:»Ich habe jetzt meine Schuldaten vorliegen.« Ich lasse nicht locker, will ich doch, dass sie die Zahlen gleich korrigiert.

Das lässt sie wiederum nicht gelten und kontert nun mit einem scharfen Befehlston, der mich an die Bundeswehrzeit erinnert:»Bitte beantworten Sie jetzt meine Frage zu Ihrem Arbeitgeber!«

Ein »Zu Befehl!« konnte ich mir gerade noch verkneifen. Schließlich will ich sie nicht weiter verärgern.

Als wir dann durch sind, wirkt sie wieder zugänglicher und meint:»So, jetzt dürfen Sie mir noch Ihre Schulzeiten durchgeben.«

Ich bin beruhigt. Da ich noch was sagen will, frage ich diesmal um Erlaubnis, die mir dann auch erteilt wird. »Ich bin noch bis zum 06.04. krankgeschrieben. Dies ist auch der Grund, warum ich in der Probezeit gekündigt wurde.«

Darauf meint die Frau etwas erleichtert: »Das ändert natürlich die Situation. Aber gut, dass Sie das sagen. Ich hätte das natürlich auch noch gefragt«, und stellt fest: »Dann sind Sie aktuell nicht arbeitssuchend, sondern arbeitsunfähig. Das ist ein Unterschied. Dennoch ist es gut, dass wir die Daten schon mal aufgenommen haben. Sie bekommen jetzt von mir eine Kundennummer zugeteilt, die Sie Ihr Leben lang behalten werden.«

»Super«, denke ich, »das wollte ich immer schon: auf ewig beim Arbeitsamt bekannt und registriert zu sein.« Um nichts auszulassen, frage ich noch nach, wann ich mich wieder melden soll.

»Sie melden sich, sobald Sie wieder gesund und nicht mehr krankgeschrieben sind.« Überaus freundlich wünscht sie mir noch eine gute Genesung und legt auf.

Ich berichte Konstanze von dem Telefonat mit dem Arbeitsamt und davon, dass ich dort erst mal als arbeitsunfähig geführt werde, was sie nicht wirklich gelten lässt.

»Arbeitsunfähig hin oder her. Das von meinem Vater gebrachte Holz muss noch aufgestapelt werden. Lass uns das heute machen.«

Ich frage: »Warum heute? Ich wollte das erst am Samstag machen.«

»Einfach, weil es ordentlicher aussieht.«

»Okay, wenn du das willst.«

Wir gehen raus und erledigen das gemeinsam. Nach etwa einer halben Stunde ist alles ordentlich eingestapelt.

Konstanze zeigt auf den Birnbaum. »Der Ast muss auch noch abgesägt werden, der wächst irgendwie komisch raus.« Es ist genauer der Ast, von dem ihr Vater der Meinung war, dass wir den noch absägen müssten. Ich reagiere zuerst nicht, da ich nicht wirklich den Sinn in der Aktion sehe. Konstanze gibt nicht auf. »Kannst du mir bitte die Säge bringen?«

Ich bin überrascht, dass sie das jetzt selbst machen will. »Nun gut, ich bringe dir die Säge.«

Sie fängt an, leicht schräg zu sägen, was mich dann veranlasst, die Sägearbeit zu übernehmen, um es zumindest handwerklich perfekt zu machen. Was mich auch etwas ärgert, da der eigentliche Grund für das heutige Einstapeln und Baumschneiden wohl ihr Vater war. Wie es in Familien halt so ist, wollte sie es ihm recht machen und sich nicht nachsagen lassen, dass wir nichts getan hätten. Es allen recht zu machen, gilt also nicht nur für mich und meinen Beruf, sondern auch für meine Frau und ihre Eltern.

Danach setze ich mich wieder auf die Couch und ruhe mich aus. Seit gestern fühle ich mich körperlich schlecht. Habe auch Durchfall, was sicher von der ganzen Aufregung kommt, und heute Abend ist auch noch das Treffen mit meinen ehemaligen Kollegen, die auch meine Freunde sind. »Die Helden der Arbeit«, wie wir uns immer genannt haben. Ich bin nervös, will ich doch heute Abend über meine Krankheit sprechen. Um 17:00 Uhr mache ich mich gehfertig. Konstanze merkt, dass ich etwas nervös bin, und meint nur: »Wenn dich keiner fragt, musst du ja nicht darüber sprechen.«

»Okay«, denke ich, »super Idee, als wenn die mich nicht fragen würden, wie es im neuen Job laufe!«

Auf der Fahrt dorthin versuche ich, mich mit Gute-Laune-Musik in Stimmung zu bringen.

Fast zeitgleich treffen alle auf dem Parkplatz vor der Pizzeria ein. Wir begrüßen uns wie immer herzlich und scherzen wie gewohnt. Die Brötchentaste am Parkautomaten macht den Einstieg und lässt uns rätseln. Nachdem geklärt ist, dass man hier wohl keine Brötchen vom Bäcker holen kann, sondern eine Stunde Parkzeit geschenkt bekommt, gehen wir rein. Kaum haben wir uns gesetzt, werde ich von allen überschwänglich beglückwünscht. »In der Zeitung stand, dass deine Firma den besten Umsatz in der Firmengeschichte gemacht hat, das kostet dich eine Runde.«

Ich bin überrascht, wie schnell das Thema auf meine Firma kommt. Weil ich nicht weiß, was ich sagen soll, mache ich zuerst noch einen Scherz: »Ja, klar, natürlich liegt das an mir.« Alle lachen, doch mir ist nicht danach.

»Okay, jetzt oder nie«, denke ich und füge hinzu: »Ich arbeite nicht mehr dort, ich wurde gestern entlassen.« Die hundertprozentige Gute-Laune-Stimmung verstummt in einer Sekunde, und ich schaue in ernste fragende, fassungslose Gesichter.

Alle schauen mich an, und Hermann fängt an zu grinsen: »Nicht schlecht, das war ja wohl ein wirklich guter Witz.«

»Leider nein«, sage ich und füge hinzu: »Ich bin an meinem eigenen Anspruch gescheitert.«

Rolf merkt, dass es mir sehr ernst ist, und findet die ersten tröstenden Worte: »So, wie ich dich kenne, wolltest du es wieder mal perfekt machen, und als Branchenfremder war das sicher nicht einfach für dich.«

Er hat recht. Alle, die am Tisch sitzen, wissen, was ich in der Vergangenheit geleistet habe. Ich muss mich hier niemandem mehr beweisen, in meinem neuen Job aber schon. Ich erzähle weiter: »Der neue Job hat mich so belastet, dass ich nicht mehr konnte und zum Arzt gegangen bin, der mich krankgeschrieben hat. Seit fünf Wochen bin ich jetzt zu Hause, und gestern wurde mir dann gekündigt.«

»Als man dir gekündigt hat, war das gut oder schlecht?«, will Rolf wissen.

Ich bin ehrlich und sage: »Ich war froh darüber.«

»Dann ist doch alles okay«, meint er lachend. »Nimmt dir jetzt die Zeit und fang nicht gleich den nächsten Job an.«

Hermann, der mich ebenso gut kennt und mit dem ich schon einige schwierige Projekte gestemmt habe, meint dann noch: »Du warst schon in der alten Firma kurz davor.«

»Ja«, sage ich. »Meine Jobwechsel waren immer eine Art von Flucht – bis ich jetzt keinen Ausweg mehr wusste. Im Nachhinein habe ich mich gefragt, ob meine Entscheidungen immer richtig waren, zumindest hat es sich damals so angefühlt.«

Hermann, der weiß, dass ich mich ständig hinterfrage und mich das beschäftigen kann, versucht, mich zu beruhigen: »Du solltest jetzt nicht zweifeln. Ich glaube, zu dem Zeitpunkt, zu dem du dich entschieden hast, war es sicher richtig.«

Dietmar macht mir dann noch Mut für die Zukunft: »Schau nicht mehr zurück. Schau nach vorne, und wenn du so weit bist, werden wir dir helfen, einen neuen Job zu finden.«

Ich bin jetzt echt erleichtert und freue mich, dass meine ehemaligen Kollegen und Freunde mich nicht verurteilen, sondern mir auch noch helfen wollen. Nachdem das Pflichtprogramm nun besprochen ist, kann der angenehme Teil des Abends beginnen, und der ist superschön, und wir haben viel Spaß. Traditionell wird dann noch der »Harte-Sau-Pokal« verliehen, den wir für besonders sportliche Leistungen in unserer Runde vergeben. Rolf bekommt ihn dann, der den Winter über mit dem Rad zur Arbeit gefahren ist. Meiner Meinung nach hätten ihn alle drei verdient gehabt – für ihre tolle Reaktion und die angebotene Unterstützung.

Tag 38

Freitagmorgen. Ich wache schon früh auf. Konstanze gibt mir noch einen Kuss und verabschiedet sich. Der erste Gedanke: »Heute habe ich keine Verpflichtungen, möchte mich nur ausruhen.«

Ich fühle mich gut, bin motiviert und stehe kurz vor 8:00 Uhr auf. Mache Frühstück. Nebenher schaue ich mir die Bilder vom gestrigen Abend an, die Dietmar mit den Worten »Ein schöner Abend« in die WhatsApp-Gruppe geschickt hat, und das war er wirklich. Die Meinung meiner ehemaligen Kollegen und Freunde war mir immer schon wichtig. Sie haben mich gestern aufgefangen und mir Hoffnung gegeben. Das schönste Geschenk.

Ich setze mich auf die Couch und schreibe wieder, nicht mehr so lang, sondern nur noch kurz, und denke schon daran, was ich heute noch alles erledigen möchte. Solange ich noch zu Hause bin, will ich mal richtig aufräumen. Wie auch mein Leben. Ich beschließe, in den Keller zu gehen und alles wegzuwerfen, was ich schon mehrere Jahre nicht mehr benutzt habe. Normalerweise kann ich mich nur schwer von Dingen trennen. Dennoch: wenn nicht jetzt, wann dann? Ein Neuanfang muss her. Nachdem ich ein paar Sachen zusammengetragen habe, die ich am nächsten Tag zum Schrott bringen will, beschließe ich, drinnen eine Runde Rad zu fahren, da draußen das Wetter zu schlecht ist. Das Radfahren fällt mir heute nicht schwer, und es macht mir Freude. Wie bei einem schwierigen Anstieg sehe ich mich jetzt schon fast am Ziel und bin motiviert, oben anzukommen. Nur noch ein paar Höhenmeter, dann noch zwei, drei Serpentinen, dann bin ich oben am Pass, wenn nicht noch eine Panne oder ein Unfall passiert. Als ich mit Radfahren fertig bin, fühle ich mich nicht besser oder schlechter als zuvor, ich fühle mich einfach nur zufrieden und ausgeglichen.

Gegen Mittag kommt Konstanze nach Hause und erzählt mir vom Geschäft. Ich höre mit einem Ohr zu. Nebenher schaue ich auf Eurosport Radrennen. Ich gebe zu, meine Aufmerksamkeit war mehr beim Radrennen als bei Konstanze. Die Themen aus ihrem Büro kenne ich alle, hatte ich ja lange genug in einem Großraumbüro gearbeitet. Ab und zu gebe ich ihr Tipps, die sie manchmal gerne und manchmal weniger gerne annimmt. Kann ich verstehen, man muss schließlich selbst seine Erfahrungen sammeln, und letztendlich macht sie es ja sehr gut.

Gegen Abend schauen wir eine Serie und lassen den Abend gemütlich ausklingen.

Tag 39

Samstagmorgen. Ich wache schon vor Konstanze auf, bleibe aber noch liegen, um sie nicht zu wecken. Als sie aufwacht, kuscheln wir noch, was echt schön ist. Als sie aufsteht, stehe auch ich auf. Sie geht ins Bad, und ich hole die Zeitung, lese noch etwas. Anschließend gehe ich Frühstück machen. Als Konstanze dazukommt, ist bereits alles fertig gerichtet.
   Sie meint überrascht: »Du bist heute aber schon früh auf.

Vor vier Wochen wusste ich nicht mal, ob du aus dem Bett kommst.«

»Ja, ich bin jetzt wieder motivierter, außerdem will ich noch Kartons, Metallschrott und Gläser entsorgen gehen.« Was ich auch anschließend gleich mache. Als ich wieder zurück bin, verabschiedet sich Konstanze und geht in die Stadt zum Kaffeetrinken mit ihren Freundinnen.

Ich setze mich auf die Couch und lese meine WhatsApp-Nachrichten. Mein ehemaliger Chef hat mich angeschrieben. Er hat von meiner Story gehört und will sich gerne mit mir treffen. Einfach so zum Reden. Ich freue mich darüber und schreibe zurück, dass es ja einiges zu erzählen gebe. Vor vier Wochen wäre das noch nicht möglich gewesen, und jetzt freue ich mich auf das Treffen.

Danach geht es wieder in den Keller zum Radfahren. Diesmal fühle ich mich richtig gut. Meine Beine treten wie von selbst. Als ich fertig bin, kommt meine Frau fast zeitgleich von der Stadt nach Hause. Sie hat chinesisches Essen mitgebracht. Auch sie ist gut drauf. Ihre Freundinnen haben sie heute dafür gelobt, dass sie ihr Patenamt niedergelegt hat, das sie so sehr belastet hat. Das hatte ihr keiner zugetraut, nicht mal ich. Eine Freundin meint dann noch scherzhaft:»Hoffentlich machst du nicht auch mal mit uns per WhatsApp Schluss«, was sie allerdings nicht ganz so lustig findet und sie eher nachdenklich stimmt.

Angespornt durch das Gespräch mit ihren Freundinnen und weil auch ein Pfarrer es ihr empfohlen hatte, beschließt Konstanze, bei Cecilia anzurufen, um ihr noch mal persönlich die Beweggründe ihrer Entscheidung zu erklären. Das Gespräch dauert eine halbe Stunde. Als Konstanze zurück ins Wohnzimmer kommt, wirkt sie erleichtert. »Stell dir vor, sie hat es ganz gut aufgenommen und Verständnis für meine Entscheidung gezeigt.« Doch ich merke, dass sie auch etwas ärgert. »Na ja, Cecilia hat es so ausgelegt, als hätten wir kein Geld für Geschenke, und sie meinte dann noch, ich verdiene ja auch erst seit Kurzem.«

Ich schaue jetzt verärgert und sage: »Jetzt hat sie dir auch noch ein schlechtes Gewissen gemacht. Die wissen bestimmt, dass ich gekündigt wurde, und folgern daraus, dass wir jetzt wohl kein Geld mehr für die Geschenke haben.«

Konstanze will noch beruhigen: »Die wissen doch gar nicht, dass du gekündigt wurdest.«

»Da habe ich andere Erfahrungen gesammelt«, sage ich; »so was spricht sich in einer Firma schnell herum.« Nun will ich es genau wissen: »Was habt ihr über mich geredet?«

Konstanze meint: »Ich habe nur gesagt, dass du krankgeschrieben bist, Burn-out hast und jetzt Tabletten nimmst.«

»Super«, denke ich, »das wird jetzt immer besser. Wahrscheinlich werden sie uns jetzt weiterhin aus Mitleid einladen.« An meine Frau gewandt, äußere ich: »Wenn du hingehen willst, okay. Ich werde das nicht tun. Für mich ist der Fall erledigt.«

Konstanze meint beschwichtigend: »Nun ja, wir haben ausgemacht, dass wir abends mal was trinken gehen und alles noch mal in Ruhe besprechen. Schließlich war es richtig von mir, anzurufen und das Ganze nicht nur per WhatsApp zu beenden.«

Nach kurzer Schmollphase sage ich: »Ja, da hast du sicher recht«, und hoffe, dass dieses Thema damit nun endgültig beendet ist.

Ich setze mich wieder auf die Couch und schreibe. Die Sonne scheint herein und blendet mich. Die Sonnenstrahlen wärmen mich, und ich fühle mich wohl dabei.

Tag 40

Sonntagmorgen. Ich wache auf. Der Wecker zeigt kurz vor acht, doch eigentlich ist es schon neun. Heute Nacht wurde uns mal wieder eine Stunde geklaut, was sich Sommerzeit nennt. Konstanze steht auf und macht Kaffee. Ich folge ein paar Minuten später. Ich bin motiviert aufzustehen und fühle mich heute komplett angstfrei.

Wir frühstücken und scherzen. Danach setze ich mich wie gewohnt auf meinen Stammplatz, die Couch, und beginne wieder zu schreiben. Doch diesmal fühlt es sich anders an. Ich habe kein Verlangen mehr zu schreiben. Ich erinnere mich, wie sehr es mir in der schlimmsten Phase meiner Depression geholfen und mich abgelenkt hat. Doch jetzt kann ich mich kaum noch erinnern, wie schlecht es mir ging. Ich blättere noch mal zurück auf Anfang und beginne zu lesen. »Ich nehme Sie jetzt mal raus.« Ja, richtig, so hat alles begonnen. Ich lese weiter, und mir wird klar, wie schlecht es mir damals ging und wie verzweifelt ich doch war. Jetzt in diesem Moment fühlt es sich so an, als ob ich es geschafft habe. Ich bin oben am Pass angekommen. Meine Botenstoffe spielen verrückt, ich bin motiviert und freue mich. Doch ist es nicht nur ein Pass von vielen? Eine Pause, um den Ausblick zu genießen, bevor es in einer schnellen Abfahrt wieder runter ins Tal geht und ich den nächsten Pass in Angriff nehmen muss? Ich habe noch so viele offene

Baustellen. Ich muss mir wieder einen neuen Job suchen, der mich hoffentlich glücklicher macht als mein letzter. Freunde, die keine sind, aus meinem Leben streichen. Ich muss lernen, öfter Nein zu sagen, und vor allem muss ich mich so akzeptieren, wie ich bin – mit all meinen Fehlern und nicht, wie andere mich sehen sollen.

Wie meine Geschichte weitergeht – ist das jetzt noch wichtig? Ich gebe zu, ich hasse es auch, wenn Geschichten offen und ohne »Happy End« enden. Im Film gibt es am Schluss meist einen Kampf, den jemand gewinnt. Das Gute, das über das Böse siegt, oder ein Liebespaar, das zueinanderfindet. Meist gibt es am Schluss noch eine Hochzeit, ein Fest, zumindest irgendetwas, was Hoffnung macht. So sind wir Menschen halt. Doch die meisten Geschichten hören da nicht auf, sondern fangen dort erst an. Viel wichtiger ist doch der Weg, den wir beschreiten, und die Erfahrungen, die wir dabei sammeln und dann hoffentlich daraus lernen. Wer hat uns Menschen eigentlich versprochen, dass wir immer glücklich sein werden? Ist das Leben nicht eine fortwährende Prüfung? Und ohne Leid gäbe es ja bekanntlich auch keine Freude.